Homens
DA BÍBLIA

Dados Internacionais de Catalogação na Publicação (CIP)
(Câmara Brasileira do Livro, SP, Brasil)

Grün, Anselm
    Homens da Bíblia : lutar e amar para encontrar a si mesmo / Anselm Grün ; tradução de Sergio Ricardo Lima – Petrópolis, RJ : Vozes, 2013.

    Título original : Kämpfen und Lieben : wie Männer zu sich selbst finden
    Bibliografia
    ISBN 978-85-326-4537-1

    1. Homens cristãos – Vida religiosa 2. Homens na Bíblia I. Título.

13-01678   CDD-248.842

Índices para catálogo sistemático:
1. Homens : Guias de vida cristã   248.842

Anselm Grün

Homens
DA BÍBLIA

*Lutar e amar para
encontrar a si mesmo*

Tradução de Sergio Ricardo Lima

VOZES

© by Vier-Türme GmbH, Verlag, D-97359 Münsterschwarzach Abtei

Título do original alemão: *Kämpfen und Lieben – Wie Männer zu sich selbst finden*

Direitos de publicação em língua portuguesa – Brasil:
2013, Editora Vozes Ltda.
Rua Frei Luís, 100
25689-900 Petrópolis, RJ
Internet: http://www.vozes.com.br
Brasil

Todos os direitos reservados. Nenhuma parte desta obra poderá ser reproduzida ou transmitida por qualquer forma e/ou quaisquer meios (eletrônico ou mecânico, incluindo fotocópia e gravação) ou arquivada em qualquer sistema ou banco de dados sem permissão escrita da editora.

Diretor editorial
Frei Antônio Moser

Editores
Aline dos Santos Carneiro
José Maria da Silva
Lídio Peretti
Marilac Loraine Oleniki

Secretário executivo
João Batista Kreuch

Editoração: Maria da Conceição B. de Sousa
Projeto gráfico: Célia Regina de Almeida
Capa: Érico Lebedenco

ISBN 978-85-326-4537-1 (edição brasileira)
ISBN 978-3-87868-285-1 (edição alemã)

Editado conforme o novo acordo ortográfico.

Este livro foi composto e impresso pela Editora Vozes Ltda.

Sumário

Introdução, 7

18 arquétipos do homem

1 Adão: homem e mulher, 17

2 Abraão: o peregrino, 27

3 Isaac: o homem sem pai, 37

4 Jacó: o pai, 47

5 José: o mago, 59

6 Moisés: o líder, 67

7 Sansão: o guerreiro, 81

8 Davi: o rei, 91

9 Salomão: o amante, 101

10 Jeremias: o mártir, 111

11 Elias: o profeta, 121

12 Jó: o justo sofredor, 129

13 Jonas: o pícaro, 137

14 Pedro: a rocha, 145

15 Paulo: o missionário, 157

16 João Batista: o homem selvagem, 167

17 João: o amigo e o velho sábio, 173

18 Jesus: o curador, 183

Conclusão – Caminhos para se tornar homem, 197

Referências, 201

Introdução

Há cerca de duas décadas a questão da identidade masculina está presente na consciência de muitos homens. O movimento feminista fortaleceu a autoconfiança de muitas mulheres, o que causou insegurança nos homens. De repente, eles não sabiam mais quem eram. Seriam somente patriarcas destinados a preservar tudo tal qual está? Ou seriam os machões, do modo como são caricaturados por muitas mulheres? Ou se comportam como fracos ou *softs*, os quais não são levados a sério nem pelos homens nem pelas mulheres? Neste livro pretendo, a partir de figuras bíblicas masculinas, apontar um caminho para que os homens possam encontrar a sua própria identidade. Nesse contexto, trato dos dois polos: lutar e amar. Aquele que somente luta corre o risco de se tornar duro e insensível. Aquele que somente ama tende a dar vazão apenas ao seu lado terno. Ambas as capacidades pertencem ao homem. Como guerreiro, ele é capaz de amar. O seu amor necessita da qualidade de conquistador e de protetor. Para que ele não se torne furioso, a sua luta precisa do amor.

Nos últimos anos têm surgido muitos grupos somente de homens, nos quais eles trocam entre si ideias sobre a condição masculina. Tais grupos existem nas igrejas evangélica e católica, assim como também no âmbito dos terapeutas, que convidam homens a desenvolverem conjuntamente a sua energia masculina. Pode-se notar claramente uma grande demanda para que os homens possam ter a oportunidade de estarem entre si. Quando estão entre homens, eles ousam mostrar sua própria insegurança, seus medos e fraquezas. Nesses grupos eles se libertam do comportamento típico exibido que apresentam quando as mulheres estão por perto. Em meus cursos normalmente há mais mulheres do que homens. E eu gosto de trabalhar com mulheres, pois elas têm uma profunda sensibilidade para questões espirituais e psicológicas. Porém, quando eu trabalho com grupos somente masculinos, sinto também que pode emergir uma qualidade própria, uma qualidade masculina. Quando os homens abdicam dos seus papéis tradicionais e se envolvem sinceramente uns com os outros, então de repente a sala se enche de energia masculina.

Há quase duas décadas acompanho padres e religiosos, homens e mulheres na *Recollectio-Haus*[1] de Münsterschwarzach. Nos últimos anos um terapeuta e uma terapeuta têm por vezes organizado um fim de semana para homens e mulheres. Nesses cursos, inicialmente os homens e as mulheres se reúnem separadamente e decoram uma sala com símbolos. Em seguida, os

---

1. A *Recollectio-Haus* é uma instituição pertencente ao mosteiro beneditino de Münsterschwarzach na qual padres, religiosos e trabalhadores da Igreja podem encontrar um retiro espiritual para, com a ajuda de uma equipe de acompanhantes, psicoterapeutas e médicos, refletirem sobre as suas vidas, investigarem causas para alguma crise, assim como se recuperarem para se reinserirem na vida profissional e pessoal. Fonte: http://www.abtei-muensterschwarzach.de/ams/recohaus/konzept/index.html [N.T.].

homens convidam as mulheres para a sua sala, e vice-versa. É sempre um fim de semana empolgante, no qual se torna claro como os homens se diferenciam das mulheres. Não se trata de fazer julgamento, mas de vivenciar que é possível ser totalmente homem e totalmente mulher.

No último curso de Ano-Novo para jovens, em Münsterschwarzach (na passagem de 2002 para 2003), Padre Mauritius abriu uma turma somente para homens. Foi uma novidade nos cursos para jovens, nos quais as mulheres normalmente são maioria. Porém, tratou-se de uma importante experiência para os jovens homens de 16 a 30 anos. Eles sentiam necessidade de se reunirem, conversarem sobre os seus pontos fortes – os quais, na maioria das vezes, passam-lhes despercebidos –, assim como talvez se permitirem reconhecer suas fragilidades diante dos outros. Houve conversas bastante sinceras sobre a própria sexualidade, sobre os medos de não serem bons o suficiente perante as mulheres, bem como sobre o medo de lidar com a própria masculinidade. A experiência com esse grupo de homens demonstrou o quão pouco ousados são atualmente os homens jovens. Eles precisam ser sempre amáveis e agradáveis para com as mulheres e se esquecem que são homens. Não ousam agir com firmeza, lutar por si mesmos, assumir o comando. Sentem que algo falta neles, mas muitas vezes não sabem como chegar a uma masculinidade autêntica sem cair no papel de machão e sem se tornar um fraco.

Os meus livros são mais lidos por mulheres do que por homens. Neste livro a minha intenção é falar conscientemente como homem para outros homens. Vivo há mais de quatro décadas somente entre homens, em uma comunidade monástica com cerca de cem homens. Uma sociedade masculina como essa tem sua qualidade própria, assim como também seus riscos e unilateralismos. Quando homens se colocam em busca juntamente com outros homens um forte poder emerge. Mutuamente eles abrem os olhos uns dos outros para os reais problemas do nosso mundo, predispondo-se a arregaçar as mangas e se debruçar sobre as tarefas que lhes são apresentadas. Entretanto, o risco de uma sociedade puramente masculina reside no fato de que se perde a sensibilidade para com o outro e, assim, cada um passa a viver e trabalhar somente para si mesmo. Com frequência chegam ao mosteiro homens sem pais, alguns buscando a grande mãe que os liberte da conexão com a sua própria mãe, outros ansiando por pais de verdade, com os quais possam crescer como homens. Dessa forma, a sociedade monástica reflete a problemática da nossa sociedade. O tema da sociedade sem pai tornou-se conhecido a partir de Alexander Mitscherlich. O problema é que na atualidade muitos homens sem pai buscam pais substitutos. Alguns ficam suscetíveis a se submeterem a homens fortes e se deixarem levar pela sua sede de poder. A nossa sociedade precisa atualmente de pais por meio dos quais os rapazes possam se orientar, que forneçam apoio e os desafiem a desenvolver a sua própria energia masculina.

Em minha comunidade monástica vivenciei pais de verdade. Quando a sociedade de homens de um mosteiro se define de forma demasiado unilateral a partir da energia materna, os monges grudam uns nos outros, e nenhuma força mais provém deles. Graças a Deus que vivencio em nossa comunidade a energia masculina dos pais. Quando, conjuntamente, homens debatem sobre quais respostas eles poderiam dar às questões do nosso tempo, surge um grande potencial de criatividade. Eles passam a ter vontade de se debruçar e fazer algo pela sociedade.

Desenvolvem visões e passam a ter coragem de empreendê-las. Sinto que, com a minha própria criatividade, posso participar do potencial oferecido por uma comunidade masculina. Assim, este livro foi escrito a partir de minha experiência com homens e de minha própria condição masculina, assim como pretendo falar de homem para homem. A homens que buscam, faz bem terem a oportunidade de estar reunidos entre si. Por meio das reflexões expostas neste livro espero poder estimular muitos homens a trilharem o caminho para se tornarem homens.

Há duas figuras de homens que distorcem o seu próprio ser. Uma é a figura do machão, que sempre insiste em sua masculinidade, que gosta de se mostrar frente às mulheres e se vangloria de sua potência. O machão é, no final das contas, um homem medroso e profundamente inseguro que precisa desvalorizar as mulheres para se sentir valorizado. A outra figura, igualmente de pouca utilidade, é o fraco. C.G. Jung desafiou o homem a desenvolver a sua *anima*, o lado feminino da sua alma. Porém, alguns homens tomaram isso tão a sério que esqueceram a sua própria condição masculina. Walter Hollstein, sociólogo que refletiu sobre a identidade masculina, considera que nada se pode esperar de um homem manso; tal homem carece de espírito criativo. O manso é "não somente um parceiro sem energia da mulher, mas é também socialmente estéril. Carece de vigor, de força, paixão, inovação" (HOLLSTEIN, 1989: 25). Nos consultórios os psicólogos americanos queixam-se da debilidade desse tipo de homem. Eles se sentem sem direção e em permanente crise de identidade (HOLLSTEIN, 1989: 23). Eles são mantidos pela sociedade, em vez de construí-la com espírito de pioneirismo, responsabilidade e ousadia.

Durante 25 anos trabalhei com jovens. Nos cursos de Ano-Novo e de Páscoa compareciam com frequência mais de 250 adolescentes e jovens adultos, dos quais cerca de um terço era homens. Eu conversava muito com eles e tinha a impressão de que, na maior parte, não eram os homens fortes que vinham, mas sim homens com baixa autoestima, reprimidos e com tendências depressivas. Nos cursos para jovens eles buscavam, com bastante sinceridade, uma maneira de lidar melhor consigo mesmos e com as suas vidas. Para eles, o caminho espiritual era como uma promessa de conquista de maior serenidade e tranquilidade interiores. Eles procuravam mais uma espiritualidade tranquilizadora do que desafiadora. Homens agressivos, que querem mudar o mundo, são mais raros em cursos religiosos. Hoje a Igreja não fala adequadamente para eles. Entretanto, ela necessita exatamente de homens agressivos, e vice-versa: faria bem exatamente a homens fortes uma espiritualidade que os colocasse em contato com o seu verdadeiro ser. Acontece que tais homens buscam uma espiritualidade que corresponda à sua condição masculina, que desperte neles sua energia masculina e que a conduza a um lugar onde o seu uso valha a pena. A Bíblia nos fala de homens fortes. Nela, os homens não são colocados na posição de gurus espirituais. Eles vivem a vida; cometem erros e pecam. Porém, percorrem o seu caminho diante de Deus e com Deus. Eles embarcam na árdua jornada de se tornar homem.

A minha intenção neste livro é levar ao leitor 18 figuras masculinas da Bíblia capazes de lhe dar força. Quando eu próprio olho para essas 18 figuras sinto quanta energia se esconde nesses homens. Cada um percorre o seu caminho pessoal. Eles, em sua esmagadora maioria, não são perfeitos no início de seu caminho; precisam aprender por tentativa e erro. Eles encontram também o seu lado sombrio. Assim mesmo, esses homens são modelos para mim. Muitos psicólogos reclamam que hoje quase não há modelos masculinos. Os políticos não o são; tampouco atores de cinema e esportistas. Espero que o leitor encontre modelos para si entre esses 18 homens. Não será possível se encontrar em todas as figuras. Vou considerar os homens bíblicos somente a partir de um certo ângulo e associá-los a uma imagem arquetípica que me pareça predominante para cada um deles. A ordem de apresentação dessas figuras masculinas se orienta na cronologia bíblica, mas o leitor pode escolher livremente em qual ele está mais interessado no momento. Pode ser que um determinado leitor precise primeiramente do "homem selvagem" (João Batista) ou do guerreiro Sansão. Um outro talvez prefira começar com o amante. Depende particularmente da situação de cada um a decisão sobre qual deles fala mais para si. Para C.G. Jung, imagens arquetípicas têm a habilidade de nos colocar em contato com o nosso potencial próprio escondido. Elas nos impulsionam a nos centrar cada vez mais, a encontrar o nosso próprio centro. Cada imagem arquetípica traz em si um potencial de desenvolvimento. Cada um dos 18 arquétipos vale também para as mulheres. A mulher também é líder. Ela precisa da guerreira que existe em si. Ela é rainha, assim como é selvagem. Se, neste momento, escrevo só a respeito de homens, isso não quer dizer que eu não esteja me dirigindo às mulheres, as quais realizam as imagens arquetípicas à sua maneira. Em parte, os mesmos arquétipos aplicam-se aos homens e às mulheres. Entretanto, elas também conhecem as suas próprias imagens arquetípicas. Escrevi, juntamente com a minha irmã, um livro sobre esse assunto, pensado apenas para as mulheres[2].

Nenhum homem fica restrito a um único arquétipo. Cada um vive diversos aspectos em sua vida. Além disso, o arquétipo se conforma diferentemente de pessoa para pessoa. Por isso, para mim é importante ter em vista cada figura bíblica concreta juntamente com a sua história de vida e sua evolução. É de grande ajuda o fato de que a Bíblia não descreve homens perfeitos. Ela expõe impiedosamente as fraquezas e o lado sombrio de cada um dos grandes homens. Isso é reconfortante para o leitor, pois os homens da Bíblia não são desprovidos de conflitos e perigos. Eles caem constantemente nas armadilhas das suas próprias inclinações ou na tentação de se deixar determinar pelo externo e de se acomodar. É exatamente no sobe e desce da força e da fraqueza, da luz e das sombras, da confiança e do medo, do amor e do ódio que o homem precisa se afirmar. Ele busca o conflito e a luta, sabendo que pode perder; abomina caminhos demasiadamente seguros. A Bíblia nos descreve caminhos arriscados e aventurosos de se tornar homem, e espero que esses caminhos falem aos leitores e despertem neles a energia masculina.

---

2. Cf. *Mulheres da Bíblia* – força e ousadia para viver o que você é. Petrópolis: Vozes, 2013.

18 arquétipos

do Homem

1

ADÃO
Homem e mulher

Originalmente Adão não é a figura masculina, mas sim o ser humano em geral. Deus criou o ser humano do pó da terra. Adão vem de *Adamá* (solo, terra). Assim, o ser humano tem uma ligação profunda com a terra. Ele proveio da terra e voltará para ela após a morte. Porém, também é para ela que é direcionado o fôlego divino que Deus sopra nas narinas de Adão. A Bíblia apresenta dois relatos sobre a criação do homem. O relato original nos é contado no segundo capítulo do Livro de Gênesis. Lá, primeiramente, Deus cria a terra, mas ainda sem frutos; então, Ele forma o homem a partir da terra e sopra nele o fôlego divino: "e ele tornou-se um ser vivo" (Gn 2,7). Em seguida, Deus prepara um jardim para o homem, de cujas árvores e frutos ele pode se alegrar. Ao mesmo tempo, ele recebe a incumbência de cuidar do jardim. Porém, sente-se só. Em primeiro lugar, Deus forma todos os tipos de animais e os leva ao homem, que lhes põe nomes. "Mas não havia para ele uma auxiliar que lhe correspondesse" (Gn 2,20). Então, Deus forma a mulher da costela de Adão. A respeito dela, Adão diz: "Desta vez sim, é osso dos meus ossos e carne da minha carne! Ela será chamada 'mulher' (*ischah*), porque foi tirada do homem (*isch*). Por isso, deixará o homem o pai e a mãe e se unirá à sua mulher, e se tornarão uma só carne. Tanto o homem como a mulher estavam nus, mas não se envergonhavam" (Gn 2,23-25).

Fascina-me nessa narrativa como o homem é relacionado à mulher. Ambos constituem uma unidade interna. O homem anseia pela mulher. Ele só atinge a sua completude quando se encontra em uma boa relação com ela. Homem e mulher se completam. Neste livro escrevo somente sobre o homem, mas não posso escrever sobre ele sem ter em vista a sua relação com a mulher. Na história de Adão e Eva não somente a unidade e a afinidade internas ficam claras, mas também as causas da guerra dos sexos que atravessa toda a história da humanidade. Claramente, o homem só pode se tornar completamente homem se ele reconhecer a mulher como tendo a mesma importância e valor que ele e se deixar inspirar por ela. E ele só é capaz de conseguir isso se estiver em contato com a mulher em si mesmo, isto é, com a sua *anima*, como Jung denomina o lado feminino da alma humana.

Adão e Eva estão nus, mas não se envergonham um do outro. Eles se respeitam e se mostram um ao outro. Não precisam se esconder um do outro. Tampouco têm a necessidade de utilizar jogos de poder, nem de se impor sobre o outro, nem de fazer acusações recíprocas. Porém, esse estado de harmonia não dura muito. A Bíblia conta a famosa história da serpente que desencaminha Eva. A serpente insiste que Eva coma do fruto proibido. Trata-se de um tema antigo que aparece em muitos contos de fadas. Com frequência, a mulher é proibida de entrar em determinado quarto, e é exatamente essa proibição que a seduz a entrar nesse quarto, que será a sua desgraça. Porém, claramente os contos de fadas encaram a quebra do mandamento como uma condição para um novo passo no seu desenvolvimento.

A Bíblia, no entanto, encara mais como um retrocesso. Eva "colheu o fruto, comeu e deu também ao marido, que estava junto, e ele comeu. Então os olhos dos dois se abriram; e, vendo que estavam nus, teceram para si tangas com folhas de figueira. Quando ouviram o ruído do SENHOR Deus, que passeava pelo jardim à brisa da tarde, o homem e a mulher esconderam-se do SENHOR Deus no meio das árvores do jardim" (Gn 3,6-8). É possível interpretar essa história de diferentes maneiras. Do ponto de vista da psicologia, convence-me a interpretação de C.G. Jung, segundo a qual comer do fruto da árvore do conhecimento é compreendido como um ato de tomada de consciência. Trata-se, portanto, para Adão e Eva, de um passo necessário no caminho de se tornar humano. Este cai do seu estado paradisíaco e reconhece os seus lados de luz e de sombra, sendo capaz de diferenciar o bem e o mal.

Mas o que me interessa nessa história é principalmente a acusação que o homem faz da mulher, assim como o fato de ele se esconder de Deus e dela. Para mim, aí reside a causa da guerra dos sexos que há séculos existe entre o homem e a mulher e que ainda hoje, apesar de todo o esclarecimento e igualdade de direitos, constantemente se deflagra. Deus fala a Adão: "Onde estás?" (Gn 3,9), ao que Adão responde: "Ouvi teus passos no jardim. Fiquei com medo porque estava nu, e me escondi" (Gn 3,10). Assim, Adão tem medo de se mostrar a Deus como ele é; e esconde-se de Deus. Com isso, ele revela algo essencial sobre si mesmo: os homens frequentemente têm dificuldade de sustentar a sua verdade e de mostrá-la a Deus, preferindo esconder-se por trás de uma fachada. Para mim, a pergunta de Deus é mais atual do que nunca. Todos os homens deveriam permitir serem perguntados por Deus desta forma: "Onde estás? Estás totalmente contigo mesmo? És de fato tu mesmo? Onde estás em teus pensamentos? Consegues suportar a si mesmo, sendo quem és?" Somente quando o homem se coloca essas perguntas, pode se tornar homem. Considero a pergunta de Deus a questão decisiva para a iniciação masculina, para a prática de tornar-se homem. Preciso me perguntar onde eu estou, como sou e o que sou. Preciso parar de me esconder. Somente ousando sustentar a minha nudez, aceitando-me exatamente como sou imperfeito, fraco e forte, cheio de paixão e, ao mesmo tempo, covarde e evasivo... somente assim poderei amadurecer como homem.

Quando Deus pergunta a Adão se ele comeu da árvore proibida, este coloca a culpa em Eva: "A mulher que me deste por companheira, foi ela que me fez provar do fruto da árvore, e eu comi" (Gn 3,12). Essa é outra característica típica de alguns homens. Eles negam a própria culpa e a transfere para outros. No final das contas, Adão transfere a culpa até mesmo para Deus, que foi quem lhe deu a mulher. Ele se recusa a assumir a responsabilidade pela sua ação. O homem anseia pela mulher, mas claramente há algo nele que faz temê-la. Por isso, ele precisa transferir a culpa para ela quando algo nele não está certo. O homem sente anseio pela mulher. Ele só é um consigo mesmo quando se torna com ela uma única carne. Ao mesmo tempo, ele fica dividido em sua relação com a mulher, e tal divisão o faz demonizá-la.

Nesta curta narrativa já é indicada a longa história da guerra dos sexos que atravessa os séculos. Fascínio e demonização se alternam; luta por poder, ofensas e medo recíproco caracterizam a relação entre homem e mulher. Para se tornar homem é importante que o masculino supere o seu medo inconsciente da mulher e se renda à sua *anima*. C.G. Jung considera a integração da *anima* um passo decisivo no desenvolvimento do homem e, ao mesmo tempo, a condição para que este pare de projetar os seus próprios problemas na mulher e de transferi-los para ela.

No relato da criação cronologicamente posterior, em Gn 1, a respeito da criação, Deus cria o ser humano no sexto dia. "Deus disse: 'Façamos o ser humano a nossa imagem e segundo nossa semelhança' [...]. Deus criou o ser humano à sua imagem, à imagem de Deus o criou, macho e fêmea Ele os criou" (Gn 1,26-27). Dessa forma, o ser humano é semelhante a Deus precisamente em sua duplicidade como homem e mulher. Os fundadores da Igreja grega refletiram muito a respeito dos versículos 26 e 27. Eles traduziram as palavras hebraicas que significam imagem e semelhança (*selem* e *d*mût*) utilizadas nesses versículos, para os vocábulos gregos *eikon* (figura) e *homoiosis* (analogia, semelhança), e desenvolveram uma teologia própria a partir daí. O ser humano foi originalmente criado segundo a imagem de Deus, e sua tarefa é tornar-se cada vez mais semelhante a Ele. O termo semelhança descreve, assim, o objetivo do ser humano, o qual deve cada vez mais imitar Deus, tornar-se como Deus. Essa é a verdadeira vocação do ser humano. Com isso, algo essencial do homem é para mim evidenciado: cada homem é semelhante ao Criador. Isso constitui a sua grande virtude: assim como Deus, ele é criador. Sua tarefa consiste em tornar-se cada vez mais semelhante a Deus. Ao mesmo tempo, essas frases de Gn 1 deixam claro para mim que o homem só se torna semelhante a Deus quando ele resolve a sua relação com a mulher e dá a essa relação a forma que foi originariamente destinada por Deus: não como subordinação, mas sim como igualdade; não com desprezo nem oposição, mas sim em comunhão; não como divisão, mas sim tornando-se um.

Ainda gostaria de entrar em um aspecto da condição masculina que me parece importante nessas narrativas da criação. Em sua relação com a mulher, o homem sempre se sente também como um ser sexual. Não posso falar sobre o processo de se tornar homem sem tratar da sexualidade masculina. Os homens não confiam que a Igreja possa ajudá-los na conformação da sua sexualidade. Demasiadas vezes eles puderam vivenciar que a Igreja somente demoniza a sexualidade ou então quer regulá-la demais. Os homens gostariam de falar abertamente sobre a sua sexualidade e detestam o pedantismo com que a Igreja frequentemente se imiscui nessa questão. A linguagem bíblica ainda não está infiltrada pela moralidade sexual romana.

No caso de Adão, a sexualidade se mostra no seu anseio de se tornar um corpo com a mulher. Homem e mulher estão nus, mas não se envergonham um do outro. Portanto, Adão tem uma atitude saudável frente à sua sexualidade. Entretanto, após a queda, ele se envergonha de sua nudez. Aqui fica bem expressa a atitude ambígua de muitos homens frente à sua sexualidade: Por um lado, muitos deles orbitam em torno da sua potência sexual, gabando-se das suas aventuras sexuais. Porém, por trás dessa gabarolice, o que se encontra é, no fundo, uma profunda insegurança sobre a própria sexualidade. Quando estão entre si, por vezes os homens conseguem falar sinceramente sobre sua sexualidade. Homens jovens não sabem como lidar com a abundante energia sexual. Eles vivenciam a sexualidade como uma fonte de força e desejo. Porém, a sua educação frequentemente lhes impossibilitou encarar essa energia vital da mais alta importância e de extrair vida dela. Com frequência, a sexualidade só é abordada de forma repreensiva. Faz bem aos homens quando eles têm a possibilidade de trocar abertamente experiências sobre a sua sexualidade, podendo falar sobre o seu medo de não ser bons o suficiente no campo sexual para corresponder às expectativas da mulher; ou para falar sobre os seus problemas com a masturbação. Apesar de todo o esclarecimento, geralmente eles não sabem como lidar com essa questão. De acordo com as estatísticas, 98% dos homens praticam a masturbação, alguns raramente, outros com frequência, mas dificilmente eles ousam falar sobre o assunto. Para uns, a masturbação está associada ao sentimento de culpa; para outros, trata-se da prova de que a relação com a mulher não promove uma satisfação completa. É importante, sem julgamentos, ver a masturbação como uma tentativa de lidar com a própria sexualidade. Somente então pode-se discutir se não há outras possibilidades para essa forma de lidar com essa energia. Quanto mais velhos os homens se tornam, mais eles descobrem a criatividade como uma maneira de conduzir a energia sexual para outras direções. Para outros, ainda, é para a espiritualidade que flui a sua sexualidade. Para Sigmund Freud, a sexualidade é um importante impulso para a cultura. Além disso, ela sempre é um modo de estar em contato com o próprio corpo e de se sentir com todos os sentidos. A sexualidade é a fonte da qual emana a força erótica de todos os relacionamentos, poupando as pessoas de relações enfadonhas, bem como trazendo vitalidade e colorido.

Flui para um lado e para o outro, e a pessoa pode aproveitar o Eros que corre entre si e o parceiro.

Para o homem, é importante confrontar-se com a sua identidade sexual. É necessário que tenha clareza se ele é heterossexual ou homossexual. Às vezes os limites não são claros. Alguns homens são bissexuais. Tornar-se consciente de sua identidade sexual é uma condição decisiva para se aceitar como homem. Neste ponto também é importante que abandonemos todos os juízos de valor. Todo homem, seja homossexual, seja heterossexual, tem suas qualidades e seus pontos fortes, assim como enfrenta perigos. Nos últimos anos, os homossexuais masculinos têm procurado a sua masculinidade de modo ainda mais intensivo que os heterossexuais. Ao invés de se desculparem por sua homossexualidade – coisa que ainda é comum em alguns círculos sociais –, eles ficam felizes com a sua condição masculina. Têm autoconsciência do seu próprio corpo e se expressam por meio dele. Com frequência, possuem uma forte sensibilidade estética e grande abertura à espiritualidade. Neste livro, quando me refiro à condição masculina, estou sempre considerando homens heterossexuais e homossexuais. Neste contexto, tenho consciência de que muitos homossexuais sentem-se magoados com a Igreja. Com frequência, eles escutam que a homossexualidade é antinatural. Porém, tais julgamentos são falsos. As causas da homossexualidade podem ser diversas: a educação, a forte ligação com a mãe, experiências sexuais, assim como, também, caracteres genéticos. Nunca se pode afirmar por que um homem ou uma mulher é homossexual. O decisivo é que o homossexual se concilie com a sua inclinação e tire o melhor dela, o que significa também viver a sua homossexualidade de forma humanamente digna.

No paraíso, Adão e Eva não se envergonham de sua nudez, um diante do outro; mas, após a queda, eles percebem que estão nus. Além disso, por medo, Adão se esconde de Deus, e por vergonha eles se cobrem com folhas de figueira. Sobre o tema da vergonha, principalmente a psicologia tem escrito muita coisa digna de nota. Vergonha é o medo que alguém tem de se mostrar como é. E um aspecto essencial da vergonha é a vergonha sexual. A pessoa se envergonha de sua nudez e quer se cobrir. A vergonha sempre tem algo a ver com a necessidade de proteção. A pessoa se protege dos olhares desejosos de outros. Mas a vergonha também indica que a pessoa não se aceita em sua nudez, que ela quer se esconder de si mesma, de Deus e dos outros. Quando os homens perdem a vergonha diante uns dos outros e se mostram como são, surge uma grande confiança, e eles conseguem dizer sim a si mesmos, da forma como são. Não precisam mais de roupas para indicar quem são, mas ousam mostrar-se com as suas vulnerabilidades. Apesar de toda a beleza e fascínio, a sexualidade está sempre associada a ofensa. Quando alguém faz zombaria com a sexualidade de outro, ofende profundamente essa pessoa. Já vivenciei grupos de homens que falavam de forma muito sincera sobre a sua sexualidade e davam bastante atenção aos outros. Nesses momentos era possível vivenciar algo da situação paradisíaca. Todos "estavam nus, mas não se envergonhavam" (Gn 2,25).

A biologia da sexualidade masculina tem um profundo significado. O homem é portador do sêmen. Este quer fluir e originar um filho, o que significa que o homem é essencialmente criativo. Sua sexualidade é energia criativa. O homem quer ser pai, seja do ponto de vista biológico, ao dar origem a um filho, seja espiritualmente. Erik Ericson fala de "generatividade" (capacidade criadora). O homem só se sente bem consigo mesmo quando algo sai de si. Em meu caso, a escrita é o campo no qual flui minha energia criativa. Para outros, pode ser a pintura ou a fundação de obras sociais. Sem a "energia fálica" o homem se torna enfadonho, e nada mais provém dele. Para me tornar homem também preciso aprender a lidar bem com a minha sexualidade. Esse processo de aprendizado sempre é acompanhado por erros. Preciso encontrar o meu caminho pessoal para integrar a minha sexualidade ao meu conceito de vida. Não se trata de ostentar a própria sexualidade, o que, frequentemente, esconde uma grande insegurança. Jean Vaier, fundador da Arca, comunidade de deficientes e não deficientes, disse uma vez a Richard Rohr que ele tinha constatado "que praticamente todos, na sociedade ocidental, vivem com dois sofrimentos básicos: uma sexualidade perturbada e um problema de autoridade profundamente enraizado" (ROHR, 1986: 59). Pode-se supor que esses dois problemas estejam ligados. Uma vez que muitos homens não são introduzidos adequadamente por seus pais na condição masculina e em sua sexualidade, eles não sabem como lidar com tal energia, além de não terem construído uma relação de verdade com o pai. Homens com alguma mágoa paterna sempre têm problema de autoridade. Eu já conversei com muitos homens que alcançaram grandes feitos. Durante uma conversa sincera, em algum momento surge o tema da sexualidade. Trata-se de um assunto fascinante para os homens, mas ao mesmo tempo também é, na maioria das vezes, frágil. Nem sempre resulta da forma como o imaginamos. Quando podemos falar sobre esse assunto de forma sincera, podemos jogar luz sobre a sexualidade – que frequentemente escondemos de nós mesmos e dos outros –, aprendendo a lidar com ela de forma apropriada.

2

ABRAÃO
O peregrino

Abraão é considerado o pai da fé. Esta fica evidenciada em sua prontidão para deixar a sua terra, os seus parentes e a casa do pai. No mosteiro, esse triplo exílio não somente é uma metáfora do caminho da fé, como também do caminho como alguém se constitui em si mesmo como pessoa. Aquele que deseja ter acesso a si mesmo precisa deixar todas as dependências e apegos; em primeiro lugar, a dependência do pai e da mãe. Não é possível se constituir como ser humano sem o pai e a mãe, mas tampouco isso é possível sem libertação em relação a eles. Aquele que, enquanto adulto, ainda se encontra conectado aos pais, nunca viverá a sua própria vida. Não se trata, nesse ponto, de uma libertação externa, como deixar a casa dos pais, mas de uma libertação interna em relação às figuras paterna e materna interiores. Tomemos o exemplo de um filho que ainda está ligado à sua mãe. Como típico "filhinho da mamãe", ele nunca encontrará sua identidade masculina e, em sua relação com as mulheres, procurará sempre a mãe, que o mima, tornando-se incapaz de desenvolver uma verdadeira relação de parceria. Quanto ao homem que deseja provar a seu pai que é tão forte e capaz quanto ele nunca encontrará o seu caminho na vida. Sempre copiará seu pai e, ao final, ficará vazio. Dele não virá nada de dadivoso. Repetirá a problemática paterna em sua profissão e em sua relação com os outros, não sendo capaz de chegar às pessoas, as quais utilizará para dar expressão ao complexo paterno.

O segundo exílio é compreendido pelos monges como o exílio em relação aos sentimentos do passado. Alguns homens enaltecem a sua infância. Romantizam os festejos natalinos que viveram, a segurança na cozinha junto à mãe, olhando para o passado. Sempre sentem saudades do mundo aparentemente intocado da infância. Quando se tornam pais, querem, com bastante frequência, reproduzir essa segurança, ficando decepcionados quando seus filhos não apreciam o seu esforço. Por mais gratos que sejamos a nossa infância, precisamos nos libertar tanto dos sentimentos dolorosos quanto dos sentimentos felizes desse período. Caso contrário, corremos o risco de passar a vida toda tentando reproduzir esses sentimentos, não ficando abertos ao que a vida nos oferece. O exílio dos sentimentos do passado também significa que deixamos as feridas para trás, que não vamos ficar responsabilizando outros pela nossa vida; ao contrário, assumimos a responsabilidade por nós mesmos. Só assim somos capazes de nos entregar ao momento e nos colocar diante dos desafios da vida.

Em terceiro lugar, o homem deve se exilar em relação às aparências. O caminho para se constituir como ser humano é, no final das contas, sempre um caminho espiritual. Vale se afastar de tudo onde eu possa me acomodar: do sucesso, das posses, do renome que eu possa ter alcançado por meio do meu trabalho. A nossa vida está em constante movimento. Não podemos ficar parados nem devemos nos agarrar àquilo que conquistamos. Os homens sempre correm o risco de se acomodar no sucesso ou de se deter no externo, quando deveriam percorrer um caminho interior. As mulheres se colocam muito mais frente ao mundo interno de seus sentimentos e de suas feridas. Os homens frequentemente pensam que não precisam cuidar de seus sonhos e de sua percepção interior, como se fosse suficiente funcionar bem para o externo. Porém, o mero funcionamento é comprado com estagnação interior, até que, de repente, torna-se impossível permanecer nessa configuração. Eles enrijecem, tornam-se duros e impiedosos em relação a si mesmos e aos outros.

A Bíblia não apresenta Abraão como um ideal de homem. Ela também mostra o seu lado sombrio. Quando os contos ou mitos descrevem o caminho heroico de um homem, esse caminho também leva ao encontro com a própria escuridão. E, com frequência, o herói falha; comete erros. A Bíblia enfileira cada passagem individual do caminho de amadurecimento de Abraão. Nessas passagens podemos identificar um amadurecimento interior e ver os diversos perigos aos quais Abraão é exposto. Ele é o peregrino que aprende por meio de erros e enganos e, assim, torna-se arquétipo da fé e fundador de Israel, a respeito de quem o povo sempre fala e toma como referência para si mesmo.

O lado sombrio do peregrino se mostra especialmente na relação dele com sua mulher Sara e sua serva Agar. Naquele tempo era comum e permitido que um homem tivesse duas mulheres. A própria Sara encoraja o marido a procurar a sua serva para engravidá-la. Pode-se considerar Sara e Agar como dois lados da mulher: Sara, a patroa, é a mulher que está no mesmo nível do marido. Agar é a serva. Alguns homens preferem desposar uma escrava a uma senhora. Eles têm medo de serem colocados em posição de inferioridade pela senhora. Abraão usa indevidamente a sua mulher ao fazê-la passar por sua irmã. Enquanto ele usa a sua esposa para os seus fins, não pode lhe dar um filho. Somente depois que três homens visitam Abraão e lhe dão apoio ele pode receber um filho de Sara. Esta não acredita que o marido ainda possa fecundá-la. Hoje, para muitos homens, isso é um problema. Os biólogos descobriram que o sêmen vai ficando cada vez menos fértil. Muitos homens sofrem de impotência. Abraão precisa da energia masculina dos três homens para se tornar fértil. Da mesma forma, os homens precisam do companheirismo de outros homens, que lhe deem apoio e coloquem-no em contato com a sua própria força.

Atendendo ao desejo de Sara, Abraão expulsa sua serva Agar e o seu filho Ismael. Ele não dá apoio aos dois; ao contrário, vira as costas para eles. É muito covarde para lhes amparar. Quem desenvolve em si somente o peregrino não cumpre com sua responsabilidade frente à sua mulher e aos seus filhos. Isso é o que demonstra a história de Isaac, que, para muitos, é chocante. Abraão abandonou seu filho Ismael e está prestes a sacrificar o seu filho no altar da imagem que tinha de Deus. Porém, um anjo do Senhor o impede de fazê-lo. Ambos os filhos passam pelo sofrimento de serem abandonados pelo pai. O peregrino não oferece aos seus filhos o apoio do qual eles precisam. Quem está somente a caminho recusa a responsabilidade pela família ou por um grupo. Deparo-me com homens que pensam estar no caminho espiritual, mas não notam, de forma alguma, o quanto são irresponsáveis no relacionamento com as pessoas que caminham junto a eles. O lado sombrio do peregrino é que ele, só se atendo a peregrinar, fica cego às necessidades das pessoas que estão próximas dele.

Pode-se expor o sacrifício de Isaac de diferentes maneiras. Uma interpretação diz que não foi Deus que ordenou a Abraão sacrificar o seu filho, senão a sua concepção doentia de Deus. O anjo do Senhor impede que Abraão sacrifique o menino, ensinando-lhe uma outra concepção de Deus. Também é possível compreender a narrativa sob a perspectiva da psicologia. Dessa forma, a história estaria expressando que em alguns pais se esconde a tendência de aniquilar o próprio filho. Às vezes, o pai vê o filho como rival, especialmente em relação à mulher, que parece se interessar mais pelo filho do que pelo próprio marido. Ou então o filho, agora adulto, traz do pai a lembrança de seus sonhos não realizados ou de tudo o que ele recalcou em si mesmo. Isso pode levar à rejeição de seu próprio filho, o que muitas vezes se converte em maltrato físico. Por exemplo, um filho me contou que seu pai quase o matou de pancada, a ponto de sua mãe ter precisado intervir. A mitologia grega conhece o tema do pai que aniquila os seus filhos. Cronos, sendo o mais poderoso titã, dominava a terra. Gerou, com sua irmã, a também titã Reia, os deuses olímpicos Zeus, Hades, Poseidon, Héstia, Deméter e Hera. Cronos devorou todos os filhos imediatamente após o nascimento, pois, em virtude de uma profecia, temia ser destronado por um filho. Comeu todos, exceto Zeus, pois Reia astutamente lhe deu uma pedra enrolada em uma "fralda". Se compararmos o sacrifício de Isaac com o mito grego podemos entender que é o medo de ser destronado pelo filho que teria levado o pai a sacrificá-lo. O mito é atemporal. Ainda hoje alguns pais têm medo de ser destronados pelo filho, sendo, por isso, inaptos a oferecer-lhe apoio paterno.

Ou talvez a disposição de sacrificar Isaac, seu filho com Sara, seja expressão do desejo de vingança que tinha por Sara, pois o havia pressionado a expulsar seu filho preferido, Ismael. Por isso, Abraão deseja sacrificar o "filhinho da mamãe".

Eu tenho me deparado com muitos pais que não conseguem suportar "filhinhos da mamãe". Por eles não terem nada de masculino, os pais se afastam deles e os desvalorizam. Esses filhos têm dificuldade de encontrar a sua identidade masculina e são impelidos aos braços da mãe. Isso significa, no final das contas, a sua morte. Abraão fica cego por aquilo que ele se prepara para fazer. A cegueira mais perigosa que pode se apoderar de um homem é a justificativa religiosa. Abraão pensa que Deus exige dele o sacrifício. Por meio de Deus ele justifica a sua agressividade em relação ao filho. Podemos observar com frequência essas sobrelevações religiosas de ressentimentos absolutamente pessoais entre pai e filho. Por exemplo, um pai acredita que precisa castigar o filho, pois se trata da vontade de Deus; caso contrário, ele não aprenderá a ter disciplina. Não é tão fácil desvendar ideologias religiosas. De fato, é necessário que um anjo se lance às mãos do pai e o impeça de sacrificar o filho.

Abraão não se mudou de sua terra somente no início da sua história vocacional. Ele precisou se mudar ao longo de toda a sua vida. Precisou desfazer-se das ideias que ele havia feito para si mesmo. Abraão era um guerreiro valente, mas ao mesmo tempo covarde e calculista, quando se tratava da sua própria vida. Para ficar bem, chegou a causar mal a sua mulher. Ele precisou se desfazer das concepções que havia feito de sua esposa e das mulheres em geral. O homem só pode amadurecer como tal quando se desfaz de concepções infantis a respeito da figura feminina e quando a vê como parceira de igual valor, olhando-a de frente. Além disso, Abraão precisou se desfazer das concepções de Deus que havia feito. Deus não é um Deus que exige sacrifício, mas sim um Deus que deseja o nosso coração, o nosso amor. Acima de tudo, Ele não quer que o filho seja sacrificado. E não se trata aqui somente do filho carnal, mas também daquilo que é novo e ainda não foi utilizado pelo homem: a criança interior, o original e autêntico que deseja irromper dele. Para que eu possa me tornar totalmente *eu mesmo* preciso me desfazer de uma concepção de Deus que me enrijece em um determinado modelo. Preciso me libertar da ideia do deus rígido e de coração duro para que o Deus da vida ganhe espaço em mim e possa determinar a minha existência.

Abraão personifica a imagem arquetípica do peregrino, que "é arquétipo da mudança, a figura que aparece na psique quando é tempo de pôr-se a caminho e buscar um novo mundo" (ARNOLD, 1991: 125). O peregrino reconhece que não tem resposta para as perguntas mais profundas de sua vida; ele corre o mundo para encontrá-las. De tempos em tempos o homem é apanhado pelo arquétipo do peregrino, e então ele se afasta de todos os conhecidos e familiares. Na Idade Média havia um verdadeiro frenesi de peregrinação. Vários homens partiam para seguir o Caminho de Santiago de Compostela. A peregrinação durava nove meses. Os homens voltavam para casa como se tivessem renascido. A peregrinação para Santiago atraía tantos homens, que acontecia muito de reis proibirem os seus súditos de peregrinarem. Hoje em dia está havendo um renascimento da peregrinação; O Caminho de Santiago é feito por homens e mulheres de todos os países, que o percorrem para seguir os seus anseios interiores.

O homem precisa estar em contato com o arquétipo do peregrino e, de tempos em tempos, aventurar-se a sair da zona de conforto. Do contrário, ele se petrifica internamente e emprega a sua energia para se aferrar ao *status quo* e para zelar temerosamente para que tudo se mantenha como antes. O masculino precisa do peregrino em si em favor da vitalidade. Somente assim ele se mantém no caminho, tanto interior quanto exteriormente. Não é à toa que diversos autores religiosos têm descrito o caminho espiritual como uma peregrinação. Aquele que deseja permanecer espiritualmente vivo precisa se aventurar na peregrinação em direção a Deus. Ele não tem Deus como uma posse. Ele vai a caminho de Deus. Na viagem, ganha experiência; no caminho, torna-se conhecedor; e na mudança, muda a si mesmo, de modo que Deus, cada vez mais, toma posse dele.

Caminhar ou mesmo correr pode ser para os homens uma boa maneira de se libertar internamente das preocupações e problemas que lhes pressionam no trabalho. Eles podem se livrar de pressões e de emoções que os agitam. Søren Kierkegaard achava que não conhecia aflição da qual ele não podia se livrar. Alguns homens se põem no caminho da liberdade meditando e, enquanto sentados, deixam ir embora tudo aquilo que os prende. Outros preferem caminhar, buscando o movimento do corpo para se manterem internamente no caminho. Independentemente do caminho que se percorre, o fundamental é constantemente sair, colocar-se no caminho e, ao percorrê-lo, estar consciente sobre aonde se quer ir. "Aonde vamos? – Sempre para casa", escreveu Novalis. Porém, o peregrino deve estar consciente de seu lado sombrio. Do contrário, recusará a responsabilidade pelas pessoas de quem precisa cuidar. Neste caso, haverá em volta dele somente crianças abandonadas e órfãs.

3

Isaac
O homem sem pai

Isaac é o filho do grande Abraão. Filhos de grandes homens sempre têm dificuldades. Com bastante frequência, são homens que ficam sob os holofotes públicos, mas que não estão presentes em casa. Dessa forma, os seus filhos se sentem mais como órfãos de pai. Leem no jornal a respeito da importância de seu pai, mas dentro da família este lhes parece mais como um fraco. Nela, o que atua é o seu lado sombrio. Quando o pai não vive o arquétipo do peregrino o filho não encontra nele um apoio e passa a procurar outro lugar. Ao invés de seguir o seu caminho, ele se prende a normas ou a instituições, vivenciando a sombra do seu pai. Homens sem pai buscam na religião principalmente proteção e satisfação de seus desejos infantis pelo paraíso perdido. Quando observo os jovens homens que vêm aos nossos cursos juvenis vejo que há entre eles muitos deserdados. Chegam repletos de anseios de finalmente encontrar o seu lar. Porém, com frequência utilizam a religiosidade para fugir da realidade, ao invés de enfrentá-la e construí-la. Eles reproduzem a figura de Isaac, que lhes possibilita observar também o homem fraco que há neles e encontrar uma maneira de desenvolver a sua própria identidade masculina. Homens sem pai buscam homens fortes nos quais possam se apoiar. Quando se deparam com os homens certos, encontram o seu caminho. Porém, quando se tornam dependentes, seguem gurus e, com isso, acabam se perdendo.

Isaac não é o mais forte entre os patriarcas. Ele se apaga diante de Abraão e Jacó. Podemos imaginar como ele foi ferido pela agressividade oculta de seu pai, que quase o matou. Em virtude dessa tentativa de sacrifício, a relação entre Abraão e Isaac certamente foi perturbada. Isaac é fraco demais para conseguir se virar sozinho, levando mais uma vida passiva e inexpressiva (ARNOLD, 1991: 137). Os fundadores da Igreja não perceberam esse aspecto, tendo idealizado Isaac. Este tinha concordado com o seu sacrifício e seria como um modelo para Jesus, a quem o Pai sacrificou por nós. A Bíblia em si não conhece tal idealização, descrevendo Isaac mais como um homem que não sabe bem quem realmente é. Trata-se de um homem profundamente sem pai. Ele não recebeu o apoio de que precisava para construir uma identidade forte e clara. Homens que, quando crianças, passam por experiências traumáticas de abandono, frequentemente se prendem a normas estreitas. Tornam-se conservadores, apegam-se a princípios claros, de forma a compensar o seu medo em relação ao abandono. Com isso, porém, estão sempre em choque com os outros, tornando-se incapazes de se relacionar verdadeiramente.

Mas sigamos a Bíblia. Não é o próprio Isaac quem procura uma noiva; ao invés disso, Abraão dá a um servo a incumbência de viajar a sua terra para lá encontrar uma esposa para o filho. O servo traz Rebeca para Isaac. Este a introduziu "na tenda de Sara, sua mãe, e a recebeu por esposa. Isaac amou-a, consolando-se assim da morte da mãe" (Gn 24,67). Certamente Isaac era muitíssimo ligado à mãe, e Rebeca se torna uma substituta para ela. Isso é fatal para um relacionamento entre homem e mulher. Quando o homem ainda se encontra ligado à sua mãe, a relação com sua esposa não pode ser bem-sucedida e, assim, esta passa carência a seu lado.

A história de Isaac mostra que não havia uma relação verdadeira entre ele, sua esposa e seus filhos. Rebeca dá à luz gêmeos: Esaú e Jacó. O primeiro a sair do ventre da mãe foi Esaú, mas Jacó agarrou em seu calcanhar, tendo, por isso, recebido esse nome (Jacó = aquele que segura pelo calcanhar). Esaú era ruivo e todo coberto de pelos. Ele se tornou um homem dos campos livres, um caçador. Jacó, pelo contrário, vivia nas tendas. Isaac preferia Esaú; Rebeca preferia Jacó. Dessa forma, Esaú era o "filho do pai", enquanto Jacó era o "filhinho da mamãe". A Bíblia diz que Isaac amava Esaú por ele gostar da caça. Porém, para mim Esaú era a sombra de Isaac, que a amava no filho a sua própria sombra, aquilo que ele mesmo não se permitia viver: o selvagem, o genioso, o indomável, o forte e enérgico. Rebeca, por outro lado, amava Jacó, o filho astuto e intelectual. Amando-o, ela tirava proveito das habilidades dele, utilizando-o para impor as suas vontades sobre o marido. Obviamente, não havia uma relação transparente entre Isaac e Rebeca; ele deixava as coisas acontecerem, e ela o controlava. Porém, quando Isaac se viu forçado, devido à fome, a viajar para outras terras, para Gerara, ele agiu tal qual seu pai Abraão: fez sua esposa passar por sua irmã, para que nada acontecesse a ele. Publicamente, Isaac decidia por sua mulher, mas em casa era Rebeca a real soberana. Assim vivem muitos homens que publicamente se exibem com a sua bela mulher, mas em casa são por ela comandados.

Isaac se enriquece em Gerara, de modo que os filisteus, por inveja, encheram de terra os poços que haviam sido escavados por Abraão. Isso é uma ilustração do fato de que Isaac não tinha mais acesso aos poços do pai; ele não podia mais beber da fonte do progenitor; não tomava parte de sua força. Talvez sua mãe, Sara, tivesse demonizado seu pai e, desse modo, impedido que o filho se identificasse com ele. Conheço filhos que desprezam seu pai porque o enxergam somente pela lente turva da mãe, que vê o esposo como modelo de falta de confiança e de volúpia. Tal depreciação igualmente deprecia a própria masculinidade. Assim, a vitalidade do pai não tem como fluir para o filho, e este, por assim dizer, murcha.

Os servos de Isaac tentam cavar mais uma vez os poços soterrados, mas continua o desentendimento com os pastores de Gerara. Somente quando Isaac faz uma aliança com Abimelec, o rei dos filisteus, seus servos cavam um poço, não havendo mais desentendimento. Assim, Isaac entra em contato com a sua própria fonte. A aliança com Abimelec mostra que ele se reconciliou com o inimigo; deu um passo por si mesmo, ao invés de simplesmente viver da herança do pai. Ele tomou as rédeas de sua vida, mesmo que somente na aliança com o rei filisteu.

Quando Isaac envelheceu e os seus olhos se escureceram, deu a Esaú a incumbência de preparar uma carne de caça para ele. Na ocasião, iria abençoá-lo. Rebeca escuta e conta os seus planos a Jacó. Ela preparará a refeição e ele servirá o pai. Para que Isaac não perceba a fraude, Rebeca cobre o filho com pelo de cabrito, já que Esaú, ao contrário de Jacó, era peludo. Dessa forma, Jacó, com a ajuda de sua mãe, obtém ilicitamente a bênção do pai em detrimento do primogênito Esaú. Nessa passagem da bênção do primogênito o pai aparece como impotente. Ele não é o soberano da casa, atuando como auxiliar de sua esposa. Rebeca aconselha o seu filho Jacó a fugir. Ela consegue organizar isso de tal modo que Jacó vai embora com a bênção de seu pai, devendo cortejar a filha de seu próprio irmão Labão. Dessa forma, Isaac perde ambos os filhos: Esaú está zangado com ele, pois deu preferência ao seu irmão e o abençoou; e Jacó o deixou. Somente perto de sua morte os filhos se aproximam de Isaac, para, juntos, enterrá-lo.

Isaac repete aquilo que lhe foi feito pelo seu pai: permanece no papel de vítima de sacrifício, ao qual Abraão o conduziu. Não é ele quem determina sua vida, mas é forçado pela esposa a fazer aquilo que ela deseja. Mas ao mesmo tempo em que ele é vítima de sacrifício, também se torna algoz. Ele fere o seu filho predileto Esaú e, com isso, a si mesmo. Os seus filhos brigam entre si.

Não somente Isaac foi vítima do sacrifício de Abraão. Sara pressionou o esposo a exilar Ismael, que se tornou a sombra de Isaac. Com o exílio do irmão, uma parte dele mesmo também se exila. Desse modo, Isaac passa por um duplo abandono: o banimento de seu irmão e o seu próprio sacrifício. Ambos se repetem em sua vida adulta: seus filhos brigam entre si, da mesma maneira como ele e Ismael foram afastados e, por fim, como na história dos irmãos inimigos, os judeus e os árabes.

Isaac tem que atravessar o doloroso processo de aprender a ser pai, a oferecer apoio aos seus filhos, ao invés de colocar um contra o outro. Deve aprender a se libertar de sua própria história, ao invés de repeti-la. Deve aprender a viver sua própria vida. Somente assim terá capacidade de abençoar os seus filhos. A Bíblia não volta a descrever esse processo de aprendizado, mas quando Isaac, já com idade avançada, vem a falecer, lá estão os seus dois filhos reconciliados e, juntos, eles o sepultam (Gn 35,29). A reconciliação dos filhos indica que também Isaac obtém a paz interior: a reconciliação do jovem abandonado com o velho homem. Para mim, o Isaac sem pai representa o arquétipo do abandonado, tal qual Heribert Fischedick o descreveu. O abandonado anseia pelo paraíso perdido. Ele usa sua esposa como mãe, que deve principalmente lhe fornecer proteção. Ele é inapto para um relacionamento verdadeiro. Abandonados gostam de viver em um mundo repleto de ilusões que eles criam na vida; têm dificuldade de enfrentar a vida com os seus conflitos, pois estes lhe são ameaçadores e os lembra de que não mais se encontram no paraíso, mas sim, ao contrário, há muito foram expulsos dele. O abandonado precisa de espaço para lamentar e se queixar exaustivamente de seu destino (FISCHEDICK, 1992: 55). Eles esperam que outros o compreendam e sejam solidários. Com bastante frequência, tais expectativas são tão grandes, que os outros se sentem demasiadamente exigidos. Assim, o abandonado deve aprender a "receber a dor e o sofrimento como partes da realidade da vida e a aceitar as várias pequenas mortes que ocorrem nela" (FISCHEDICK, 1992: 70).

A espiritualidade do homem sem pai é marcada por um grande anseio por proteção e redenção. Porém, frequentemente tal espiritualidade carrega traços infantis. Ao invés de enfrentar a vida com os seus conflitos, ele espera de Deus a solução de todos os problemas. Apresenta a tendência de negar e evitar a dor.

Deus é quem *deve* fornecer paz e alegria imediatas. Entretanto, esse otimismo demasiado não passa do reverso de uma visão pessimista de si e do mundo. Fecham-se os olhos para as tribulações do mundo para se refugiar no próprio mundo intocado. Homens sem pai buscam aquele guru que se torna, para eles, uma sacrossanta figura salvadora. Eles constroem para si um mundo perfeito, no qual se sentem em casa. Porém, deles não provém força alguma. Somente quando homens sem pai oferecem apoio aos jovens abandonados e desenvolvem sentimentos paternos em relação a eles é que se pode quebrar a repetição do modelo que reprime a vida, e a ferida pode se transformar em uma pérola. Homens abandonados que enfrentam a sua desolação tornam-se bons agentes de pastoral e terapeutas. Eles têm sensibilidade para pessoas que foram abandonadas. Entretanto, não caem na armadilha de oferecer a proteção que deles se espera; ao contrário, mostram o caminho do qual eles mesmos se aproximam, que é o caminho para o coração de cada um.

Isaac é uma imagem do manso que padece de sua própria debilidade. O homem que foi abandonado pelo seu próprio pai e que tampouco encontra um pai substituto, junto ao qual ele possa construir a sua própria identidade, ajusta-se, em seu comportamento, às mulheres. Ele assume para a sua própria vida os padrões da mulher. Para ele, a sociedade também se torna uma mãe substituta. Ao invés de construir ele mesmo a sociedade, ele a utiliza como provedora de suas necessidades. Para Walter Hollstein, devido à grande quantidade de mansos, nossa sociedade estaria se tornando "não masculina e pseudomaternal: Ela garante proteção, segurança, administração, regras, controle, vigilância, guarda, acompanhamento e entretenimento em quantidades verdadeiramente esmagadoras" (HOLLSTEIN, 1989: 23). Porém, o nosso tempo precisa positivamente de masculinos, como a responsabilidade e o espírito pioneiro. Isso torna-se claro em Isaac: "O homem não masculino não é mais um desafio, nem mesmo para a mulher" (HOLLSTEIN, 1989: 24). O homem que foi abandonado pelo seu pai não pode fazer nada a esse respeito. Porém, precisa enfrentar esse abandono e assumir a responsabilidade por si mesmo. Precisa aprender a estar perto de si, apoiar-se, ao invés de continuar a se abandonar e fugir de sua própria condição masculina. Isaac é um desafio para que o homem de hoje se reconcilie com a sua vulnerabilidade e com o seu abandono interior; para que se despeça do papel de vítima, de forma que ele, ao final de sua vida, torne-se uma bênção para outros.

Hoje em dia há muitos homens sem pai. Eles sofrem por não terem tido um pai que lhes oferecesse apoio. Tais pessoas são propensas a se sacrificar para a empresa ou para um grupo; porém, elas também sacrificam sua própria força. Falta-lhes a energia masculina que lhes possibilita realizar algo, oferecer resistência às tendências da sociedade de arrastar tudo para si, como uma grande mãe. Homens sem pai refugiam-se com frequência no papel de vítima; sentem-se como vítimas dos seus pais, como vítimas da sociedade. Eles se recusam a assumir a responsabilidade por si e pelas suas vidas. Ao se identificarem com o papel de vítimas eles também se tornam algazes; usam outras pessoas para preencherem as suas necessidades, ao invés de cuidarem de si mesmos. Homens sem pai precisam de pais para entrar em contato com a sua força masculina. Somente dessa forma pode vir deles alguma bênção para a sociedade. Somente dessa forma eles colaborarão com a organização da sociedade, ao invés de se deixarem determinar por ela. Homens sem pai ferem-se a si mesmos continuamente. Assim, têm pouca energia para se responsabilizarem pelo mundo e desenvolverem novas ideias. Falta-lhes coragem para atacar os problemas com tenacidade. Eles se orientam mais pelas expectativas dos outros, para serem estimados pelo maior número de pessoas possível. Nosso tempo precisa de homens que incorporem a energia paterna de um bom modo e que tenham coragem de aspirar soluções que de fato ajudem, mesmo que nem sempre encontrem aplausos.

4

JACÓ
O pai

Jacó foi um típico "filhinho da mamãe". Como é que um "filhinho da mamãe" pode se tornar um pai? A Bíblia nos conta sobre o desenvolvimento de Jacó e sobre o caminho por meio do qual ele amadurece no papel de homem bem-sucedido e esperto até se tornar um pai. O caminho leva-o a encontrar as suas sombras. Porém, o primeiro passo nesse caminho é o rompimento com a esfera de vida da mãe. Jacó foge do seu irmão. Foge, no fundo, de sua sombra. Entretanto, essa fuga termina por libertá-lo da ligação com a mãe e o conduz, no final das contas, a si mesmo e a sua própria verdade.

No decorrer da fuga Jacó tem uma perturbadora experiência com Deus. Ele sonha com uma escada que conduz ao céu, pela qual anjos sobem e descem. No alto dela está Deus; este lhe promete que sua vida será bem-sucedida: "Estou contigo e te guardarei aonde quer que vás, e te reconduzirei a esta terra. Nunca te abandonarei, até cumprir o que te prometi" (Gn 28,15). Nesta passagem Jacó se encontra pela primeira vez com o seu inconsciente. Ele sente que existem mais coisas do que se debater com a razão ao longo da vida. No fundo de seu coração, Deus lhe fala e o abençoa. Tal experiência do Deus que abençoa é o primeiro passo no caminho de transformação de Jacó. Agora ele reconhece que nem tudo depende dele, de sua vontade e de sua astúcia. O sucesso na vida depende da bênção de Deus. Se ele se entregar à vontade de Deus, então encontrará o seu caminho.

Quando Jacó, após 14 anos de serviço junto a Labão, muda-se para casa com as suas duas mulheres, os seus filhos e todas as suas posses, recebe a notícia de que o seu irmão Esaú vai enfrentá-lo. Agora ele percebe que deverá enfrentar a sua sombra. Ele sente medo e tenta ganhar a complacência de seu irmão, oferecendo-lhe presentes. Porém, todas as tentativas humanas de conter o ressentimento do irmão teriam sido em vão se Jacó não tivesse se encontrado com a sua própria sombra. Isso acontece na curiosa passagem da luta com um homem, à noite (Gn 32,23-33). Aqui Jacó não pode mais se desviar. Ele precisa enfrentar a sua própria verdade: trouxe sua mulher e os seus filhos, assim como todas as suas posses, através do vau do Jaboque. "Quando Jacó ficou sozinho, um homem se pôs a lutar com ele até o romper da aurora. Vendo que não podia vencê-lo, atingiu-lhe a articulação da coxa, de modo que seu tendão se deslocou enquanto lutava. O homem disse a Jacó: 'Solta-me, pois já surge a aurora'. Mas Jacó respondeu: 'Não te soltarei se não me abençoares'" (Gn 32,25-27). Trata-se de uma luta de vida ou morte. Jacó não evita a luta. Ele encara o desafio e recebe do homem, que no início se opôs a ele de forma tão hostil, a bênção que o habilita a enfrentar destemidamente o seu irmão.

Homens que pensam poder se sair bem sem luta ficam presos no caminho de seu desenvolvimento. A vida é uma luta. Todos se encontram com a sua própria sombra ao longo do caminho para se constituírem como homens. E encontrar-se com a sombra não é prazeroso. Os contos de fadas nos contam, com a mesma seriedade, que essa luta sempre é de vida ou morte. Ela não é preparada no início para que o herói se saia vitorioso. Jacó não vence. Porém, seu oponente se revela como anjo de Deus. Por meio desse anjo sombrio Deus abençoa Jacó e lhe dá um novo nome: não mais se chamará Jacó (enganador), mas sim Israel (cavaleiro de Deus). Encontrando-se com a sua sombra, Jacó é abençoado pelo próprio Deus. Porém, a sombra também o feriu: ele manca devido ao golpe em sua coxa. Precisa caminhar devagar e com cuidado através da vida. Ele não pode mais fazer tudo aquilo que bem-entende; precisa deixar acontecer. É exatamente como guerreiro ferido que Jacó se torna fundador de Israel. Evidentemente, ninguém que nunca lutou consigo mesmo e com o seu lado sombrio pode, de fato, tornar-se pai. Quem acha que pode passar incólume pela vida sem enfrentar a sua sombra, como pai projetará o seu lado sombrio sobre os seus filhos e filhas. Não conseguirá vê-los como realmente são. Antes, ele os verá através da lente das suas necessidades e paixões recalcadas. Já conversei com muitos homens que nunca receberam suporte do pai; ao contrário, em muitos casos o pai lhes traiu a confiança. Este enxergava neles tudo aquilo que não podia aceitar em si mesmo, tudo aquilo que proibia para si mesmo; e, ao invés de lutar consigo mesmo, lutava contra os seus recalques nos filhos. Entretanto, a sua luta não se tornava uma fonte de bênção, mas uma fonte de maldição. Ele não servia à vida, mas à morte. Filhos de pais que se esquivaram do seu lado sombrio dificilmente conseguem desenvolver uma masculinidade positiva. Ou eles vão expressar violentamente o ódio ao pai, ou então basearão sua vida nas próprias fraquezas. Nunca se firmarão sobre as suas próprias pernas e serão incapazes de enfrentar a vida com os desafios que ela traz.

A Bíblia nos mostra por meio de Jacó que há duas maneiras de encontrar o lado sombrio. A primeira delas é lutar com a sombra. A segunda consiste em curvar-se à sombra e reconhecê-la. Quando encontra o seu irmão Esaú, Jacó se inclina sete vezes diante dele. Esaú corre ao seu encontro, abraço-o e beija-o. Eles choram juntos, e Jacó exclama: "Vim à tua presença como se vem à presença de Deus, e tu me acolheste favoravelmente" (Gn 33,10). O interessante é que, em ambas as formas de encontro com a sombra, Deus é reconhecido nela. Tanto na luta quanto na reverência diante da sombra Jacó pressente que Deus o encontrará em meio à escuridão. Em última análise, não se trata somente de um "tratamento psicológico" da sombra, mas sim de uma outra concepção de Deus. Quem encontra a própria sombra não se satisfaz com uma concepção de Deus plana e inócua. Para alguns homens Deus se tornou enfadonho porque o retratamos de forma demasiado simpática e amável. A Bíblia refere-se a um Deus que fala ao abismo da alma humana e que também se dirige ao homem na sua prontidão para a luta. Muitos homens não se interessam por caminhos espirituais, pois tais caminhos são demasiado suaves e não falam ao seu lado lutador. Deus não nos encontra somente na luz, mas também na escuridão; não somente na paz, mas também no combate. Deus não é somente terno, mas também vigoroso. Só quem entra nessa luta, mesmo correndo o risco de se machucar, torna-se de fato um homem e, como nos mostra Jacó, ao mesmo tempo torna-se pai, não meramente do ponto de vista biológico, mas também da perspectiva espiritual. Os Padres do Deserto encontraram em Jacó um modelo. Assim como ele, lutaram com as sombras, com os demônios, e permaneceram firmes.

Uma grande tentação para o homem de hoje consiste exatamente no fato de que ele só confia em seu discernimento e em sua vontade; com isso, evita tudo aquilo que emerge de seu inconsciente. Com bastante frequência ele tem sucesso desse modo. Porém, tal sucesso também pode ser uma armadilha. O bem-sucedido não necessita enfrentar a sombra. C.G. Jung escreveu que o maior inimigo da transformação é uma vida bem-sucedida. Quem sempre alcança o sucesso acredita que a sua vida está em ordem. Quando a mulher fala ao lado sombrio do homem, ele se defende; não compreende o que ela quer dizer e acha que o problema está com a outra parte. Para ele, tudo está perfeito. Ele está satisfeito. Porém, a forma agressiva como os homens reagem a comentários críticos da mulher às vezes mostra que eles não têm tanta certeza quanto externamente aparentam. Sentem um medo terrível de que alguém arranhe o verniz de sua imagem de sucesso. Porém, chega o momento em que a velha estratégia torna-se insuficiente. A racionalidade, junto com a sua esperteza, não dá mais conta, quando as crianças se desenvolvem de forma diferente, quando o corpo adoece ou seu lado psicológico não colabora mais. Por exemplo, de repente não o deixa mais dormir, ou derruba-o com ataques de pânico.

Por meio do encontro com a sua sombra Jacó torna-se capaz de ser pai. Ele é considerado fundador de Israel. A Bíblia não nos conta muito sobre Jacó como pai. No tempo em que ele trabalha com Labão tem-se a impressão de que as esposas de Jacó desejam ter o máximo possível de filhos. Raquel diz a Jacó: "Dá-me filhos senão eu morro!" (Gn 30,1). Ele está sempre pronto a ter filhos e filhas com ambas as esposas e com as servas delas. Porém, nada se pode perceber a respeito dos seus sentimentos paternos. Somente em relação aos dois últimos de seus doze filhos, ambos nascidos somente quando ele tinha idade avançada, fala-se de seu amor. "Ora, Israel amava José mais do que todos os outros filhos, porque lhe tinha nascido na velhice [...]" (Gn 37,3). Por ser o predileto de Jacó em detrimento aos irmãos, José é odiado por estes. Eles tramam matá-lo. Pelo que a Bíblia nos mostra, não se pode falar de um idílio paterno. Israel (Jacó) ainda terá que passar por experiências dolorosas até se tornar pai de todos os seus filhos e para se tornar fonte de bênção para eles. José é vendido para o Egito, e depois Israel tem que deixar Benjamim, o seu filho mais novo, ir ao Egito com os irmãos. Somente quando estes se reconciliam com José, Israel torna-se pai para todos eles de forma equânime.

Para a psicologia, o pai é aquele que apoia os filhos, que os sustenta para que se aventurem em suas próprias vidas e tomem as rédeas delas. O pai não segura os filhos, mas sim os manda para o mundo para que eles vivam as suas próprias vidas. Porém, está presente quando eles precisam dele. Eles podem voltar para ele; podem se apoiar nele. O pai não os apunhala pelas costas quando cometem erros, mas sim lhes tira o peso delas. Ele lhes dá respaldo quando são atacados. Ele constitui uma fonte de energia masculina para os filhos. Hoje em dia muitos filhos anseiam pelo pai. Sem um pai eles não têm como desenvolver a sua própria identidade masculina. Com bastante frequência, entram em atrito com o pai e se rebelam contra ele quando é demasiado severo, quando exige deles uma obediência excessiva ou quando exagera nas expectativas em relação a eles. Porém, tal rebelião também tem a ver com a constituição do homem. Somente quando me distancio do pai posso descobrir as raízes positivas que possuo nele.

Sinto-me grato pela experiência do meu pai. Ele perdeu os seus pais muito cedo.

Cresceu na região do Ruhr e trabalhava no escritório de uma companhia de mineração. Decidiu se mudar para Munique sem possuir economia, porque não gostava de precisar trabalhar nos feriados católicos. Não possuía dinheiro algum; porém, conseguiu se virar e fundou um negócio. Quando contava sobre esse assunto eu ficava impressionado. Após a morte dele, minha irmã encontrou anotações em seu diário, durante seu primeiro ano em Munique, em 1923. Quando eu as li pude perceber como ele precisou buscar o seu caminho com esforço e com várias decepções. Como pai, sempre esteve presente, pois o negócio funcionava na casa onde morávamos, de modo que ele sempre fazia refeições conosco. Quando nós jogávamos futebol com os garotos da vizinhança e brigávamos com eles quando perdíamos, ele saía do escritório. Não nos repreendia imediatamente, mas sim nos fazia entrar em duas filas e, então, dava para nós um discurso sobre o verdadeiro espírito esportivo. Nós tínhamos que dar as mãos uns aos outros e dizer "Hip, hip, urra". Era tão engraçado, que todos riam. Com isso, o assunto era resolvido. Hoje em dia, muitos pais não se metem nas brigas dos filhos; eles deixam as questões difíceis aos cuidados da esposa e se retiram para o trabalho. Quando recordo do meu passado fico grato pelo fato de que o meu pai dava atenção a nós e aos nossos atritos, sem lições de moral e sem repreensões.

Ele tomava essas situações muito mais como uma oportunidade de nos ensinar que um esportista também precisa aprender a perder e a continuar jogando limpo, mesmo diante da derrota.

Uma vez que o meu pai precisou batalhar na vida, ele tirava o peso de nós quando queríamos empreender algo. Nunca ficava com medo quando passávamos duas semanas nos Alpes com as nossas bicicletas e uma barraca de *camping*. Sempre que fazíamos planos, ele nos apoiava. Nunca nos desencorajava nem demonstrava preocupação; pelo contrário, ele ficava orgulhoso quando empreendíamos alguma coisa e quando concebíamos algo que parecia pouco realista para os outros. Quando eu era criança tinha ideias as mais estapafúrdias. Aos 7 anos construí, com o meu irmão, um viveiro de peixes no jardim. Como os peixes não teriam como sobreviver ao inverno, eu os levava para a nossa banheira. Durante uma semana a família inteira não podia tomar banho nela. Eu ainda me admiro com o fato de que meu pai demonstrava compreensão por essas ideias. Fora os meus irmãos mais velhos, ninguém se rebelava. Como o meu pai foi marinheiro na Primeira Guerra Mundial, ele sempre ficava alegre quando conseguíamos pegar peixes em um lago artificial e os levávamos para o nosso viveiro.

Uma outra vez eu fiz um banco com tábuas que havia encontrado. Quando o banco estava pronto eu o mostrei cheio de orgulho ao meu pai, que se sentou nele. O banco logo se quebrou completamente, o que fez com que todos rissem. A primeira tentativa tinha fracassado. Mas isso não me impediu de realizar outras ideias. Um pai que encoraja os seus filhos estimula neles a criatividade e a alegria de viver. Nós nunca ficávamos entediados. Sempre tínhamos bastante ideias sobre brincadeiras e sobre o que podíamos empreender. Quando mais tarde, na puberdade, discutíamos e todos tinham opiniões diferentes das dele, meu pai não insistia teimosamente em sua própria opinião. Quando nós o colocávamos contra a parede com os nossos argumentos, ele simplesmente ria. Dessa forma, a discussão ficava leve e era até resolvida, sem que houvesse perdedores, e nós também deixávamos de levar os nossos argumentos tão terrivelmente a sério.

Como em cada arquétipo, na figura do pai se esconde muita força, mas também riscos. O pai que não liberta os filhos, que exerce um estilo de liderança patriarcal e pensa que pode determinar tudo, distorce a verdadeira imagem paterna. Ele a confunde com infalibilidade e estilo de liderança autoritário. Só é autoritário quem não tem estômago. Uma vez que, no fundo, ele evita o conflito, precisa bater sempre na mesa e provar sua autoridade. Porém, isso não é masculino, mas sim uma imagem distorcida de homem. Por trás disso, o que se sente é o medo de ser destronado e de ser colocado em xeque diante de sua infalibilidade. Homens que não tiveram uma experiência positiva com o pai são sempre desconfiados; têm a impressão de que precisam sempre se reafirmar. Por não estarem tranquilos consigo mesmos, precisam ficar ativos de forma intranquila, para provarem quanta força masculina há dentro deles. Mas, sem uma boa experiência paterna essa força funciona, na maioria das vezes, de forma destrutiva. Por ser narcisista, ela não constrói. Não se trata da vontade de construir algo, senão da pressão de precisar se reafirmar, para finalmente ser visto pelo pai. Na política, vemos como essa falta de pai funciona de forma desastrosa. As pessoas utilizam um povo inteiro para expressar a sua ferida paterna.

A paternidade faz parte do processo de se tornar homem, independentemente se tratar de um pai biológico de filhos e filhas ou de um pai intelectual. Ser pai significa dar apoio a outra pessoa, transmitir-lhe alegria de viver, encorajá-la, de forma que ela ouse tomar as rédeas de sua própria vida. Junto ao pai os filhos e filhas ousam também cometer erros. Sabem que ele não trairá a confiança deles, e que poderão recorrer a ele quando tiverem cometido algum erro. O pai não se agarra; ele deixa os filhos livres; mas lhes dá apoio. Os filhos sabem que sempre podem voltar a ele para encontrarem apoio, ajuda e consolo.

Muitos homens que pensam somente em sua profissão recusam o papel de pai. Eles podem dirigir a sua empresa, mas não os seus filhos. No conflito com eles, tais homens sentem que não podem se esconder atrás de seu papel. Os filhos fazem eles se lembrarem de seu lado sombrio; não têm admiração pelo bem-sucedido homem de negócios. Eles o desafiam como pessoa e como pai. Só se torna pai aquele que deixa os filhos lhe mostrarem o seu próprio lado sombrio. Colocar-se frente à sua própria impotência e frente à sua sombra é a condição para mostrar aos filhos uma real proximidade e para lhes dar apoio quando estes, de alguma forma, falham. Muitos homens têm a impressão de que precisam aplicar em suas famílias a mesma receita de sucesso que utilizam no trabalho. Mas isso não dá certo. Na empresa é exigida rapidez; porém, a família espera que o pai tenha tempo para ela. Um gerente me contou que preenche demasiadamente o pouco tempo que passa com os filhos, querendo dizer, com isso, que ele precisa usar o tempo da forma mais efetiva possível e fazer muitas coisas com os filhos. Mas estes não querem. Eles só querem que o pai esteja lá, que brinque com eles, que tenha tempo para eles. Não querem ser usados por ele como jogadores de alto desempenho, mas sim serem levados a sério como filhos.

Nossa época precisa de homens que entrem em contato com sua condição paterna. Nos anos de 1960, Alexander Mitscherlich já falava da sociedade sem pai. Naquela época muitos pais tinham morrido na guerra. Mas hoje também os psicólogos falam de privação de pai. Como antes, muitos pais são ausentes na criação dos filhos; não os estimulam. Eles se irritam com o fato de que sua prole se desenvolve de forma diferente daquela que tinham imaginado. Eles deixam a educação dos filhos principalmente nas mãos das mães. Não querem se ocupar constantemente com eles. Porém, os filhos precisam da energia paterna para poder crescer. As crianças querem ver o homem que se esforça com elas, não o homem de negócios que só vive a sua energia para fora e que, dentro da família, só quer ter a sua tranquilidade.

Não é somente a família que precisa do pai, mas também a sociedade. O pai não existe somente para os filhos. Ele assume também responsabilidade por aqueles que se encontram em má situação, que se sentem desamparados e abandonados, que estão à margem da sociedade. Pai é aquele que aceita a responsabilidade quando algo não corre bem na família. Ele não recusa sua responsabilidade, apoiando sua família. Ele ampara as pessoas que não conseguem se manter por si mesmas. Muitos padres assumem esse "papel de pai" para outras pessoas; não é por acaso que padre significa pai. Eles se tornam pais de pessoas que não têm uma orientação; acompanhando-as em seu caminho. Eles lhes dão suporte, sem as tornarem dependentes deles. Eu vivencio um grande anseio por figuras paternas nas quais as pessoas possam confiar. Às vezes há tanta projeção sobre mim, que não tenho como atender a tais expectativas. Mas nessas projeções sinto a carência da experiência paterna e o anseio por se poder encontrar apoio nos pais. Infelizmente, tais homens carentes de pai caem nas mãos de homens que fingem ser como pais para eles, mas que, na verdade, não o são. Eles submetem esses homens carentes de pai e determinam suas decisões, ao invés de ajudá-los a encontrar o seu próprio caminho e a entrar em contato com a sua energia masculina.

Em suma, pode-se dizer que há duas atitudes características para os pais: a determinação e a generosidade. Os pais negociam quando a situação exige. Eles tomam decisões, ao invés de tirar todos os problemas de sua frente. Em muitas empresas, agremiações e grupos existe uma carência de homens paternais, que assumem a responsabilidade para si e tomam decisões. Muitos homens preferem não tomar qualquer decisão por medo de cometer um erro. Mas, então, deles não provém nada de novo; eles evitam o conflito e não contribuem em nada para esclarecer a situação. A outra atitude é a generosidade. Pais não são intransigentes e mesquinhos. Eles têm um grande coração; contribuem com algo para os filhos ou para aqueles que eles acompanham. O nosso tempo precisa desses pais com grande coração. Eu me sinto grato por ter tido um pai assim.

5

José

O mago

Jacó era o filho predileto da sua mãe; José, o predileto do pai. Trata-se de um típico filho do pai. Isso desperta a inveja e até mesmo o ódio dos seus irmãos. José se sente como alguém especial. Ele conta para os seus irmãos um sonho, no qual ele atava molhos no campo juntamente com eles. O molho dele se levantava, enquanto os molhos dos irmãos rodeavam e se inclinavam diante do molho dele. Os irmãos responderam-lhe a respeito do seu sonho: "Será que irás de fato reinar sobre nós e dominar-nos?" Esses sonhos e as palavras de José fizeram com que eles o odiassem ainda mais" (Gn 37,8). Portanto, não é somente a preferência do pai que incita a inveja dos irmãos, mas também o comportamento de José, que goza do privilégio de ser um tanto especial, o preferido do pai; que tem tudo o que deseja. José faz os seus irmãos ficarem agressivos porque ele simplesmente não se adequa, mas confia em seus próprios sonhos. Ele tem uma outra fonte da qual pode viver: o mundo do desconhecido, o mundo da inspiração interior. Trata-se do mundo da magia.

Quando José, a mando de seu pai, leva algo de comer aos seus irmãos, os quais estão apascentando o gado, estes decidem matá-lo. Mas Rubem, o mais velho, defende-o. Ele quer salvá-lo das mãos dos seus irmãos e levá-lo de volta ao pai. Assim, eles desistem de matá-lo, mas o lançam em uma cova. Quando uns mercadores passam, Judá sugere que vendam José para eles. São ismaelitas, ou seja, descendentes de Ismael, o irmão de Isaac. José, filho predileto de Jacó, para nas mãos de Ismael, irmão do seu avô, outrora enviado para o deserto. Pode-se dizer que os segredos de sua própria história familiar o alcançaram. Os lados sombrios de sua própria história que não tinham sido superados emergem e exigem ser tratados. Somente a muito custo José se libertará da sombra da família. Mas primeiramente o filho, que recebe toda a benevolência do pai, encontra-se com a sua própria impotência, o medo e o abandono. Na cova escura ele se sente abandonado e entregue à morte. Os ismaelitas, a quem os irmãos de José o vendem, levam-no para o Egito e o vendem a Putifar, oficial do faraó. Depois José se sai bem em tudo, pois Deus está com ele. Putifar se agrada com José e confia a ele todos os seus bens. Mas a sorte não dura muito. A mulher do oficial põe os olhos em José e pede que ele se deite com ela, mas ele se recusa, por considerar isso uma quebra de confiança diante do seu senhor e um pecado diante de Deus. Quando a mulher o agarra pela roupa, para que ele se deite com ela, José foge. Então ela o acusa, mostrando sua roupa como prova de que ele quis pressioná-la a deitar-se com ele. O senhor se enfurece e o joga na prisão. Novamente, José experimenta o abandono e a escuridão. Mas Deus está com ele.

Na prisão, José interpreta os sonhos de dois presos. Ambos sofrem exatamente o destino que José tinha previsto para eles, com base em seus sonhos. O padeiro-mor é enforcado em uma árvore e o copeiro-mor é mandado de volta às suas funções. Dois anos mais tarde o faraó tem um sonho que lhe é incompreensível. Os sábios e adivinhadores do Egito tampouco conseguem interpretá-lo. O copeiro-mor lembra-se, então, de José e fala ao faraó sobre a sua arte de interpretar sonhos. O faraó manda chamar José, para que este interprete o seu sonho. Mas José responde: "Não eu, mas Deus dará uma resposta favorável ao faraó" (Gn 41,16). José prevê para o faraó, com base em seus sonhos, sete anos de abundância e sete anos de fome. E o aconselha a implementar estoques de provisão para guardar os mantimentos dos anos de abundância, de forma a resistir aos anos de fome. O faraó emprega o próprio José como administrador do reino. Ele diz aos seus servos: "Poderíamos por acaso encontrar outro homem como este, dotado do espírito de Deus?" (Gn 41,38). Dessa forma, José se torna o homem mais poderoso do Egito. O seu infortúnio transformou-se em nova alegria. Uma vez que ele entende de sonhos e Deus o abençoou, ele tem completo êxito. Enquanto o mundo passa fome, José, o mago, pode extrair alimentos de despensas repletas.

Uma vez que a fome atinge também Canaã, os irmãos de José vão para o Egito comprar trigo. José reconhece os seus irmãos, mas não se deixa reconhecer. Ele lhes dá o trigo somente sob a condição de irem ao seu pai e trazerem o irmão mais novo. Jacó se recusa a deixar o seu irmão mais novo ser levado, temendo que ele possa vir a morrer. Quando a fome se torna mais intensa, Judá se oferece como garantia para Benjamim. Então, os irmãos vão mais uma vez a José, que os coloca mais uma vez à prova. Ele ordena que se encham os seus sacos com grãos e diz para que se coloque um copo de prata no saco de Benjamim. Então ordena para que os irmãos sejam seguidos. Descoberto o copo no saco de Benjamim, este deverá se tornar seu escravo. Quando Judá se oferece no lugar de Benjamim, José não pôde mais se conter, dando-se a conhecer aos seus irmãos. Chorando, ele diz para eles: "Eu sou José, vosso irmão, a quem vendestes para o Egito. Entretanto, não vos aflijais nem vos atormenteis por terdes me vendido para cá. Foi para conservar-vos a vida que Deus me enviou à vossa frente" (Gn 45,4-5). José se reconcilia com os seus irmãos. Ele viu, no seu destino, o próprio Deus trabalhando; Ele converteu o mal em bem, transformou o desejo de morte dos seus irmãos em bênção para toda a família. José não se torna amargo com as feridas que os seus irmãos lhe infligiram. Ele consegue se reconciliar com eles, pois sente-se protegido e abençoado por Deus. Os sonhos que ele teve quando criança já tinham profetizado que a sua vida seria bem-sucedida. Tais sonhos lhe deram, no abandono da cova e na prisão no Egito, a confiança no fato de que Deus não o deixaria. O filho predileto do pai não podia mais esperar a ajuda do pai. Este estava longe. Mas ele descobriu Deus como seu pai, no qual confia e que o guia em segurança através de todas as confusões da vida.

José escuta os sonhos e entende o que eles significam. Assim, demonstra ter um talento especial, o qual se torna uma bênção para ele, pois passou a ser soberano sobre todo o país. Quando José encontra os seus irmãos, mostra os seus sentimentos e abandona a "pose de poderoso". Chorando, beija todos os seus irmãos. Agora José não se sente mais como alguém especial; é um entre os irmãos. Pode-se dizer que agora ele está apto a se relacionar. Agora ele não é mais o filho predileto, que se coloca sobre os irmãos, mas sim um deles, que os abraça e se torna um com eles. A nova relação com os seus irmãos faz o Faraó convidar toda a família para ir ao Egito. Assim, os israelitas se estabelecem no Egito por 400 anos. Portanto, o destino de José marca a sina futura de todo um povo.

Ele é a figura de um homem que não se limita ao seu sucesso profissional, mas que também escuta os seus sonhos e mostra os seus sentimentos. Ele não se identifica com o seu papel de soberano, mas desce do seu trono e é um irmão entre irmãos. José chegou a essa sabedoria por ter passado pelo abandono, impotência, solidão e escuridão. Ele percorreu o caminho típico daquilo que os contos de fadas descrevem como "caminho do herói". Cada homem precisa atravessar perigos, precisa se soltar e deixar todos os seus planos – quando se depara com situações sem solução – para se entregar sozinho nas mãos de Deus. Não é ele que tem o seu sucesso nas mãos, mas Deus, em cujas mãos ele se entrega. E a mão de Deus garante que a sua vida será bem-sucedida, mesmo que sempre haja situações que parecem mais fracassos do que sucessos.

Em José também se realizam muitas figuras. Ele é o intérprete de sonhos, o político, o organizador. Quero analisar nele o arquétipo do mago: "[...] equipado com os dons do universo, sustenta-se sobre os seus próprios pés no chão deste mundo. Ele conhece as leis eternas do tornar-se e desaparecer, a ordem da criação, e realiza na terra aquilo que ele identificou. É capaz de ver a aparência superficial deste mundo e reconhecer a realidade que está por trás" (FISCHEDICK, 1992: 236). O mago domina a lei de formar este mundo a partir do conhecimento a respeito do transcendente, do divino. O mago reconhece a ordem em tudo, destacando-se pela sua clareza interior. José constrói o mundo a partir do conhecimento sobre os sonhos, nos quais o próprio Deus lhe mostra o que está por trás de toda a realidade. Ele não organiza a política do Egito a partir de reflexões racionais, mas baseado nos sonhos, os quais ele consegue ler com a ajuda de Deus. O mago está inteirado sobre os segredos profundos deste mundo, pois está em contato com Deus. E dessa conexão interior com Deus ele pode formar o mundo de acordo com a vontade dele. Dentro de toda a sua conexão com mundo ele nunca esquece a dimensão mística de sua vida.

Como qualquer arquétipo, o mago também esconde muitos perigos. Quem quer entrar em contato com o mago em si mesmo precisa fazê-lo com grande cuidado. E também sempre precisa de uma distância do arquétipo do mago. Quando alguém se identifica com o arquétipo, enche-se de vaidade. Sente-se como uma fonte de grande magia, em vez de ser o seu instrumento. Essa inflação do ego leva ao típico guru, o qual dispõe de grande talento e conecta as pessoas a si por intermédio de um brilho fora do comum, mas está cego para o seu próprio lado sombrio. Quem não mantém uma distância do mago em si mesmo atrai outras pessoas por meio de sua magia, e as arruína. Em última instância, o que ele faz é abuso espiritual. A arrogância espiritual e a inflação do ego são grandes tentações para todos os padres, terapeutas e pregadores da TV.

Homens que ocupam funções de liderança sentem que precisam do mago em si. Somente com a racionalidade eles não podem dirigir um grande empreendimento. Necessitam de uma conexão com a fonte interior, com a fonte divina de inspiração e criatividade. Precisam entrar em contato com o arquétipo do mago, "que mobiliza os recursos da consciência interior em um homem" (ARNOLD, 1991: 149). O arquétipo do mago abre o potencial de inspiração, criatividade, possibilidades próprias, que está disponível em sua alma. Homens que só dão atenção ao primeiro plano, que somente calculam e organizam tudo, não utilizam esse potencial interior de sua alma. Quem consegue acessar o mago interior tira proveito não somente da mente, mas também segue a intuição interior, a qual torna o cotidiano e o trabalho muito mais fecundos do que a reflexão puramente racional.

A pergunta é: Como podemos acessar o mago interior? A história de José demonstra que a relação com o pai é uma fonte importante, a partir da qual o mago é criado. José é o preferido do pai. Quando éramos crianças, o meu pai nos falava à noite, cheio de entusiasmo, sobre as estrelas e os signos do zodíaco. Ficava visível algo sobre os mistérios do mundo. Quando ele passeava conosco pela floresta, discursava sobre a beleza das árvores. Minha irmã mais nova tinha pouco interesse por isso. Ela queria somente chegar ao próximo quiosque para comer algum doce. Mas isso não impedia o meu pai de explicar os mistérios da criação, e ele nos introduziu no aspecto divino da liturgia. Quando nos falava sobre o sentido das festas de Natal e da Páscoa eu sentia que seu coração era tocado pelo mistério da transformação de Deus em homem e da nossa salvação. Quando eu estava no seminário, ele sempre me escrevia, não somente sobre o que acontecia em casa, mas também sobre sua visão de Deus e do mundo. Por ocasião de meu noviciado ele me escreveu: "O princípio do cristianismo consiste no amor. Quem compreende isso tem facilidade de responder frente à benevolente comunhão entre Deus e os homens". Com o meu pai eu aprendi a gostar de pensar, não para saber muito, mas para intuir sobre o enigma da existência. Meu pai desenvolveu seu gosto pela leitura e pela reflexão em uma profissão comercial; precisou construir sua existência a partir do nada. Mesmo assim, nunca foi suficiente para ele preocupar-se somente com o exterior. Seja nos festejos de Ano-Novo, seja em outras festas familiares, ele sempre fazia um discurso no qual se referia à coisa real, ao que realmente importava em nossa existência: a vida a partir de Deus e com Deus.

O mago não possui a sua habilidade para a intuição a partir de si mesmo; ele a recebeu de Deus. O que pode fazer é confiar em seus próprios sonhos. Todos temos algo de mago em nós. Assim como José devemos, por isso, confiar que Deus fala a nós por meio do sonho. E devemos buscar em nosso interior o contato com o mundo espiritual. Uma maneira importante de fazer isso é a meditação, a qual nos coloca em contato com o espaço interior por meio do silêncio. Lá onde nenhum homem tem acesso, onde as nossas preocupações e inquietações não podem adentrar é que sentimos borbulhar a fonte do Espírito de Deus; uma fonte que, por ser de fato divina, nunca seca. Para formar tal mundo necessitamos de um lugar fora desse nosso mundo; um lugar dentro de nós, sobre o qual o mundo não exerce qualquer poder. De lá adquirimos uma distância suficiente para observar os problemas cotidianos e para identificar o que realmente importa. Atualmente, homens que exercem funções na economia e na política têm procurado por caminhos espirituais. Eles se sentem atraídos por um caminho místico, que não é um distanciar-se do mundo, mas sim, estando no mundo, manter contato com o transcendente, com Deus. E a partir dessa experiência é possível se dedicar mais profundamente aos problemas do cotidiano sem submergir nele.

6

MOISÉS
O líder

Moisés é o líder típico. Ele dirige o seu povo do cativeiro no Egito para a liberdade na Terra Prometida. Moisés é o homem que sabe dirigir outras pessoas, mas o povo também é uma figura de partes de sua própria alma. Moisés é aquele que consegue dirigir a si mesmo. A Bíblia nos descreve o caminho por meio do qual ele aprende a liderar a si mesmo e o povo. Moisés não nasceu simplesmente como líder, e em sua liderança nem tudo acontece de forma tranquila. Em primeiro lugar, Moisés já é, desde o seu nascimento, uma criança abençoada. O faraó tinha ordenado que todos os meninos recém-nascidos fossem mortos. Quando ele nasceu, sua mãe viu que se tratava de um menino. Ela não tinha coragem de matá-lo. Por isso, escondeu-o por três meses e, então, abandonou-o no Nilo. A filha do faraó encontrou a arca com a criança, que chorava. Ela o tomou como filho e lhe deu o nome Moisés: "Eu o tirei das águas" (Ex 2,10). Esse líder é uma metáfora para todos nós. Somos todos, no fundo, crianças abandonadas, filhos e filhas do faraó, do sol. Mas crescemos em lugar desconhecido, abandonados aos perigos e dificuldades da vida. O mito da criança abandonada, a qual possui um talento extraordinário, o qual, no final das contas, tem origem divina, é bastante difundido, a começar de Rômulo e Remo, passando por Édipo, Krishna, Perseu, Siegfried, Buda, Hércules e Gilgamesh, até chegar a Jesus, que, ainda criança, teve de fugir para o Egito. O mito nos mostra que todos nós somos crianças divinas abandonadas. Porém, quando entramos em contato com essa criança divina em nós, descobrimos o nosso verdadeiro dom e a nossa missão confiada por Deus. Não ficamos imóveis com a criança ferida que também somos. A criança divina em nós representa a renovação e o Eu verdadeiro, incólume, o qual, diante de todos os perigos da vida, permanece, em nosso interior, protegido pelas mãos de Deus.

Moisés vai crescendo. Quando vê um egípcio ferindo um hebreu, ele o mata e enterra na areia. No dia seguinte ele quer resolver a briga entre dois hebreus, quando um deles fala do assassinato do egípcio. Moisés foge para Madiã, onde se casa com a filha do sacerdote local. Ele dá ao filho o nome de Gerson (hóspede em terra estranha, no ermo, no deserto). Moisés fracassou. No estrangeiro ele se vê obrigado a levar uma vida penosa. Sua primeira tentativa de assumir o comando fracassa; ele confiou em sua própria força, mas ainda não tinha encontrado a si mesmo e a sua própria impotência. Certamente, só consegue liderar outros quem já fracassou e, a distância, vivenciou dolorosamente sua solidão e sua falta de talento para liderar.

Quando Moisés está apascentando o rebanho do seu sogro "apareceu-lhe o anjo do SENHOR numa chama de fogo no meio de uma sarça" (Ex 3,1-2). Da sarça em chamas Deus lhe fala: "Eu vi a opressão de meu povo no Egito [...]. E agora vai, que eu te envio ao faraó para que libertes meu povo, os israelitas, do Egito" (Ex 3,7-10). Moisés oferece resistência. Primeiramente pergunta pelo nome de Deus, que se apresenta como Javé, como "Eu Sou Aquele Que Sou" (Ex 3,14). Vem então a insegurança sobre si mesmo. Como ele deve convencer as pessoas? Javé lhe mostra truques com os quais ele pode convencer o povo. Mas, por fim, Moisés chama a atenção para a sua falta de eloquência. Deus fica irado com ele e lhe ordena tomar o seu irmão Arão como seu porta-voz.

Moisés não é o líder inato que assume sua tarefa com grande autoconsciência. Primeiramente ele precisa enfrentar sua própria impotência e inutilidade, a qual reconhece na figura da sarça. Ele duvida de que as pessoas o ouvirão; padece por ter a língua pesada. Deus precisa pressioná-lo para a sua tarefa, enviando-o ao seu povo e não se deixando deter pela insegurança dele para ser líder. Muitos homens que ocupam posição de liderança em empresas acreditam ser líderes natos. Porém, eles chegam a tal posição por meio de seus colegas de trabalho. Quando homens como Moisés encaram sua própria impotência, passam a liderar de forma mais cuidadosa e, assim, têm um novo olhar sobre as preocupações dos seus colegas. Assim podem identificar melhor o que é importante em sua atividade de liderança.

Não é fácil a tarefa assumida por Moisés. Em um primeiro momento ele pode convencer facilmente o povo por meio dos "truques de magia". Porém, à medida que vai ficando cada vez mais forte a oposição do faraó contra o povo, ele começa a reclamar. As coisas só ficam piores quando ele tenta libertar o povo. Moisés precisa, então, em persistentes negociações, fazer o faraó deixar o povo partir. As pragas representam a resistência promovida pela ordem vigente para que tudo permaneça como antes. Todos aqueles que dirigem um grupo, uma empresa, uma comunidade sabem o quão difícil pode ser uma resistência como essa. Tudo se torna obscuro. Gafanhotos descem sobre as colheitas e parecem aniquilar tudo. É necessária uma grande confiança na missão divina para não se deixar deter por essa resistência e não cair em resignação.

Por fim, Moisés consegue conduzir o povo para fora do Egito, mas o faraó persegue os hebreus. O povo, diante do mar, observa os egípcios se aproximarem e se rebela contra Moisés: "Que vantagem nos deste tirando-nos do Egito? Não foi isso que te dizíamos no Egito: Deixa-nos em paz para que sirvamos aos egípcios?" (Ex 14,11-12). É difícil para Moisés conduzir à liberdade um povo que, a cada passo em direção à liberdade, tem medo e deseja retornar à vida no Egito. Prefere permanecer na escravidão a se submeter aos perigos do deserto. Porém, o caminho para a liberdade só é possível enfrentando o perigo de sucumbir e de morrer de sede. Mesmo após a bem-sucedida travessia do Mar Vermelho, no qual os perseguidores egípcios sucumbem, o povo reclama de cada adversidade. O milagre do Mar Vermelho não o convenceu. Moisés sempre precisa apelar a Deus por ajuda. Ele sofre com a teimosia deles e clama a Deus: "Que vou fazer com este povo? Mais um pouco e vão apedrejar-me" (Ex 17,4).

Deus mostra a Moisés como ele pode satisfazer as necessidades daquela gente. Quando os amalecitas se colocam contra o povo, Moisés não luta em primeiro lugar. Em vez disso, fica no cume do outeiro e ora pelo povo; ele sustenta a conexão com

Deus. Sabe que a liberdade só pode ser alcançada com o auxílio da oração, que fortalece o povo na luta contra os amalecitas. Moisés não é somente o orador, mas também o juiz. A ele chegam as pessoas o dia inteiro, para que intermedeie brigas e dê as sentenças. Quando o seu sogro vê isso, diz a ele: "Não está bem o que estás fazendo. Acabarás esgotado, tu e este povo que está contigo" (Ex 18,17-18). Moisés aceita o conselho do seu sogro e delega a sua tarefa de liderança. Ele coloca pessoas de confiança como juízes, não se aferrando ao seu poder. Percebe que precisa cuidar bem de si mesmo, caso queira guiar o povo por um longo tempo.

No Sinai, Moisés recebe ainda uma nova tarefa. Ele se torna legislador e líder do povo em sua descoberta de Deus. Sobe sozinho a montanha e lá encontra Deus. Ele relata ao povo aquilo que o Criador lhe disse. O povo deve se santificar e se aprontar para o encontro com Deus no terceiro dia. Nesse dia dia, logo ao amanhecer, começa a trovejar e a relampejar, fazendo o povo estremecer de medo. "Moisés fez sair o povo do acampamento ao encontro de Deus" (Ex 19,17). Sua tarefa, naquele momento, é santificar o povo para Deus e prepará-lo para o encontro com Ele. Não é suficiente Moisés relatar a eles o que Deus havia lhe dito, mas sim levá-los à descoberta de Deus. Ele é um mistagogo (= padre), que abre os olhos do povo ao mistério de Deus. Porém, Moisés sobe sozinho à montanha. Lá, ele recebe os mandamentos em duas tábuas de pedra "[...] escritas com o dedo de Deus" (Ex 31,18). Enquanto Moisés está na montanha o povo se afasta de Deus e faz para si um bezerro de ouro, figura do deus do sucesso e da fertilidade. Essa é uma experiência que muitos líderes têm. As pessoas se satisfazem mais com aquilo que veem e que lhes promete sucesso em curto prazo. Para eles, "visões" são coisas muito distantes. Quem sabe o que está acontecendo na montanha? Pensam entre eles: é melhor ficarmos bem agora do que nos deixarmos conduzir por caminhos árduos no futuro. Moisés desce da montanha e vê o povo dançando em volta do bezerro de ouro. Então, cheio de ira, quebra as tábuas dos mandamentos. Sua tentativa de conduzir o povo a um bom futuro parece ter fracassado.

Mas Deus lhe ordena para que faça novamente duas tábuas de pedra e suba com elas à montanha. Quarenta dias e quarenta noites Moisés permanece na montanha, período no qual jejua. Então, desce novamente. Sua pele resplandece luminosamente. "Aarão e os israelitas todos, ao verem como resplandecia a face de Moisés, tiveram medo de aproximar-se" (Ex 34,30). Moisés é aquele que conversa confidencialmente com Deus, como face a face. Sua pele começa a resplandecer assim que ele fala com Deus. Por isso, ele precisa usar um véu sobre o seu rosto, para que os israelitas não tenham medo. Aqui fica evidente um outro aspecto de Moisés: ele é íntimo de Deus; tem permissão para falar com o Criador, para permanecer em sua presença. Isso o transforma; isso faz dele uma luz resplandecente. Também é isso que lhe dá autoridade sobre o povo, tornando seu legislador. Mas os mandamentos que ele dá não são regras rígidas que só controlam a liberdade das pessoas. Ao contrário, eles vêm do conhecimento profundo de Deus, assim também como do conhecimento da própria impotência. Moisés recebe esses mandamentos de Deus. Tal fato acontece em uma montanha, onde ele está especialmente próximo a Deus. Quem lidera outras pessoas sempre precisa se retirar da companhia delas para experimentar a proximidade de Deus sobre a montanha. Precisa de um distanciamento das questões cotidianas para obter, em cima da montanha, uma visão lúcida. E quando, na solidão, entrega a si mesmo e a sua impotência a Deus, fará aquilo que é correto para o Criador. Assim, as suas instruções não serão pequenas, mas, ao contrário, abrirão o céu para as pessoas. É necessário deixar Deus transformá-lo e iluminá-lo para, só então, dizer aos outros aquilo que Deus deseja deles.

Uma vez que Moisés é aquele que tem a experiência de Deus e que foi interiormente transformado por seu encontro com o Criador, o povo aceita o que ele diz. No entanto, mesmo após a profunda experiência com Deus no Monte Sinai, volta e meia se agita alguma oposição a Deus e a Moisés. O povo cai em autopiedade: "Quem nos dera comer carne! Estamos lembrados dos peixes que comíamos de graça no Egito, dos pepinos, melões, verduras, cebolas e alhos! Agora estamos definhando à míngua de tudo. Não vemos outra coisa senão maná" (Nm 11,4-6). Moisés queixa-se com Deus: "Por que maltratas assim teu servo? Por que gozo tão pouco de teu favor, a ponto de descarregares sobre mim o fardo de todo este povo? [...] Sozinho não posso suportar todo este povo. É um peso grande demais para mim" (Nm 11,11-14). Homens que ocupam posições de liderança compreendem essa queixa. Às vezes eles se sentem como Moisés; sua tarefa torna-se um fardo. Parece que os colegas não compreendem o que eles querem lhes passar. Deus ordena que Moisés tome setenta homens, aos quais Ele dará algo do Espírito que repousa sobre Moisés, de forma que este não precise mais carregar a responsabilidade sozinho. Alguns homens preferem desmoronar sob a sua carga a dividi-la com outros ombros e resolver juntos os problemas.

Moisés precisa constantemente lidar com novas tribulações e resistências. Ele envia espiões à terra que Deus lhe havia prometido. Eles trazem consigo frutos da terra. Porém, causam medo ao povo, afirmando-lhes que a terra é habitada por gigantes impossíveis de derrotar. Quem lidera outros indivíduos sempre precisa se defrontar com pessoas que montam uma contraliderança. Elas criticam tudo que a empresa apresenta como visão, veem apenas o lado negativo em tudo. Ao invés de se alegrar com os frutos da nova terra, dão atenção aos gigantes que estão no caminho. Faz-se necessário ter muita paciência para ser fiel a uma visão e gerenciar constantemente as resistências. O povo murmurou contra Deus e contra Moisés por dez vezes, mas este sempre se apresenta como seu defensor. Obviamente, Deus gosta de perdoar o povo; Ele cede. Mas os homens que murmuraram têm que morrer; somente os seus filhos verão a Terra Prometida. Assim, mais uma vez, o povo erra trinta e oito anos no deserto, continuando a fazer novas resistências e rebeliões. Apesar de todos esses conflitos, Moisés nunca desiste; ao contrário, sempre se apresenta em favor do seu povo. Porém, como certa vez duvida que Deus conseguirá dar água ao povo, ele também não poderá entrar na Terra Prometida, e terá que deixar para outro o êxito advindo do seu esforço. Ele sobe ao Monte Nebo para ver a terra que Deus havia prometido ao povo; então nomeia um sucessor, Josué, e morre. O povo o sepulta no vale em Moab. Porém, até hoje ninguém conhece o seu túmulo.

O destino vivenciado por Moisés é singular. Por um lado, ele é o maior dos profetas. Os israelitas sempre se referem a ele; é o íntimo de Deus. Somente ele pode conversar com Deus face a face, "como alguém que fala com seu amigo" (Ex 33,11). Porém, Deus lhe recusa a última realização, o êxito final. A ele só será permitido ver a terra a distância, mas o povo será conduzido a ela por um outro. Moisés foi o líder que teve de suportar o povo e lidar constantemente com os seus conflitos. Mas, ao mesmo tempo, dele se diz: "Moisés era homem muito humilde, mais do que qualquer pessoa sobre a terra" (Nm 12,3). Evágrio Pôntico traduz a palavra "humilde" como "manso". Para ele, a mansidão de Moisés é um modelo para o diretor espiritual, que só pode conduzir outras pessoas a Deus se tiver superado as suas paixões. A mansidão é uma característica de um homem que está em paz consigo mesmo. A humildade está mais para a coragem de enfrentar o seu lado sombrio. Moisés, o grande líder, também era humilde. Ele tinha uma intuição sobre os seus próprios limites e fraquezas. Isso não é natural em homens que carregam responsabilidade, os quais frequentemente anulam as suas fraquezas para serem tidos como fortes diante de todos os outros. Porém, a verdadeira força consiste em também enfrentar o lado sombrio e se reconciliar com ele.

O processo de se transformar, que Moisés precisa percorrer, é exigido de todo homem que verdadeiramente deseja "se tornar homem". Ele precisa aprender a assumir responsabilidades e a enfrentar os conflitos delas decorrentes. Também precisa aprender a vencer as resistências de um "povo" que sempre começa a murmurar e que anseia pelo "colo da mãe". Vendo o povo como uma representação de elementos do próprio homem, penso que Moisés precisa vencer a atitude regressiva de querer ter de volta o "colo da mãe", a saudade das cebolas do Egito. Em nós, trata-se do anseio por liberdade. Mas, ao mesmo tempo, conhecemos o medo disso. Pois, para alcançá-la precisamos desistir da antiga segurança, de sermos providos pela mãe ou por instituições maternais como a Igreja ou a empresa. Tornar-se homem significa correr o risco de caminhar pelo deserto e, no caminho, sentir fome e sede, sem a certeza de que tal caminho levará à meta, à terra prometida, na qual o homem pode ser totalmente ele mesmo. Muitos homens preferem ter saudade do paraíso perdido da infância. No caminho da liberdade somos confrontados com as nossas necessidades mais profundas, com a nossa necessidade de estarmos providos e em segurança, de proteção, de "estar em casa". Mas o caminho para a liberdade só se percorre com o rompimento da segurança e da dependência; ele revela medos arraigados em nós. Moisés tem que lidar com os seus medos e necessidades, com as suas resistências interiores e as suas tendências regressivas, ao se voltar para Deus em oração, que acena para a sua rebelião interior. Sua oração não é mera concordância, senão uma conexão com Deus. Ele briga com o Criador; queixa-se a Ele; reclama sobre o fardo que precisa carregar. Mas ele não desiste nunca; mesmo nas diversas vezes em que o povo o decepciona, Moisés se aferra a Deus e à profecia dada por Ele a esse povo teimoso.

Como líder, Moisés indica um aspecto essencial que faz parte da constituição do homem, ou seja, precisa assumir responsabilidades. Ele tem a tarefa de dirigir, e não somente de fazer aquilo que outros lhe dizem. Como pai de família, o homem tem uma tarefa de liderança. Em cada grupo do qual participa, ele é, ao mesmo tempo, líder e liderado. A questão é: Como podemos aprender a nos tornar líderes? Nunca nos tornaremos líderes copiando outras pessoas que desempenham suas atribuições de liderança. Ao contrário, o primeiro passo consiste em entrar em contato com a criança divina em nós, com a nossa própria criatividade e inspiração. Devemos aprender a confiar em nossos próprios sentimentos. O segundo passo é o encontro sincero conosco mesmos. Na primeira vez em que Moisés tentou arrancar de si a liderança, ele falha. Primeiramente precisou ir para o estrangeiro e enfrentar a sua própria impotência e os seus limites. Teve que esperar até que Deus o chamasse. A pessoa não pode se autoproclamar líder. Trata-se de uma convocação, não somente por outras pessoas, mas, no final das contas, por Deus. E então Moisés deve aprender a fazer prevalecer a vontade de Deus – pode-se dizer: a visão do Criador– contra as resistências.

Nesse contexto, três condições são necessárias: 1) A mansidão ou humildade, ou seja, o líder precisa estar em paz consigo mesmo, de modo que ele não deposite o seu lado sombrio sobre os liderados e, assim, não os confunda. 2) Além disso, precisa sempre se retirar do diálogo com Deus. Tal diálogo não é apenas uma meditação silenciosa, mas sim mostrar a Deus todos os seus sentimentos, inclusive sua raiva, seu medo, sua impaciência. Com frequência, a oração se torna igual aos gritos e queixas de Moisés. Gritamos para fora de nós, diante de Deus, a nossa fúria e a nossa decepção; reclamamos e nos queixamos. Mas, ao expressarmos os nossos sentimentos diante de Deus, eles também podem se transformar; limpa-se o lixo emocional. Quem lidera outras pessoas precisa constantemente se limpar das sujeiras causadas pelas emoções negativas dos colegas; não pode se deixar envolver nessa sujeira; não pode se deixar infectar pelo murmúrio e pela resignação. 3) A outra condição é lidar bem com a agressividade. Apesar de toda a sua suavidade, Moisés por vezes é agressivo. Ele destrói as duas tábuas de pedra com os mandamentos. Ele demonstra a sua agressividade no seu diálogo com Deus. Primeiramente, ele a expressa ao Criador, para, assim, poder lidar apropriadamente com a sua agressividade diante do povo. Tal agressividade inata o ajuda a perseguir o seu objetivo de forma persistente e a não se resignar. E ela lhe dá força para vencer as resistências. Ao lado da sexualidade, ela é a mais importante energia vital, a partir da qual somos capazes de criar. Quem a poda carece de força. O fato de alguém amadurecer para se transformar em homem, ou de permanecer sendo aquele que sempre diz sim e que se ajusta a tudo, depende da relação adequada com a sua agressividade. Agressão vem de *ad-gredi*, que significa "abordar". A agressividade é a força utilizada para abordar algo, ao invés de evitar. É a fonte a partir da qual o homem cria, para fazer valer aquilo que identifica como sendo o certo, ainda que enfrentando a resistência de quem está satisfeito com o que existia antes. A agressividade é um importante impulso para o progresso. Ela não pretende destruir, mas sim ser empregada em favor de algo; pretende regular a relação entre proximidade e distância. Quando sou agressivo, isso significa, com frequência, que alguém ultrapassou um limite comigo. A agressividade é a força usada para demarcar limites para que eu possa entrar em contato comigo mesmo e com o meu impulso interior; é a energia que concretiza ideias interiores, inclusive enfrentando a oposição interior e exterior.

Os homens amam a agressividade. Eles escolhem esportes nos quais podem utilizá-la de uma boa maneira, como futebol ou handebol, boxe ou luta livre, ciclismo ou corrida de carro. Trata-se de uma forma regulamentada de lidar com esse impulso. Eu me coloco em confronto com outros, ao invés de aniquilá-los. Só na luta os desportistas descobrem a força que neles se esconde. Diante do adversário, eles podem crescer. Um adversário forte estimula o corredor a correr mais rapidamente. A agressividade fornece ao homem a força para perseverar e para se aferrar à sua visão ao enfrentar as resistências. Mas, para isso, ela também necessita sempre de distanciamento interior. Moisés sobe à montanha para se afastar e reconhecer onde e como ele deve empregar a sua agressividade.

Moisés personifica aquilo que Walter Hollstein espera do homem. Ele acredita que o homem deve estimular o prometeico em si mesmo: "delinear a aventura espiritual, as perspectivas e utopias e mostrar que os homens ainda hoje podem construir caminhos e proporcionar uma orientação; coragem de atacar problemas, ao invés de não enfrentá-los, sendo incapaz de agir; abdicar do lugar de poder e ousar a liberdade" (HOLLSTEIN, 1998: 25). Moisés se comprometeu com a vida. Ele se doou ao conflito espiritual com o seu povo, conduzindo-o à liberdade, enfrentando a resistência dos inertes. Ele não possuía esse dom desde o início. Aceitou o chamado confrontador de Deus quando ele se sentia inútil, fracassado e ignorado. Não precisamos ter nascido líderes para sê-lo. Quem se entrega à pedagogia de Deus, como Moisés o fez, e se deixa conduzir por Ele à liberdade, amadurecerá para se tornar um homem que também conseguirá conduzir outros à liberdade e à vida.

7

SANSÃO
O guerreiro

Desde sempre a história de Sansão me fascinou. Ainda na minha adolescência eu ficava espantado com a força praticamente infinita que ele possuía, com o seu destemor e com a liberdade com a qual desafiava todas as regras. Desde o seu nascimento os cabelos de Sansão são sagrados. Deus lhe provê de força para que ele liberte o povo do domínio dos filisteus. É o espírito do próprio Deus que o move. Sansão toma uma filisteia como esposa; despedaça um leão que se coloca em seu caminho. Na cerimônia de casamento, Sansão propõe aos convidados um enigma. Se eles não o decifrarem em sete dias, darão a ele trinta túnicas e trinta vestes de festa. Importunado pela sua mulher, que se desfazia em lágrimas, Sansão conta a resposta do enigma a ela, que a repassa aos filisteus. Como vingança, Sansão mata trinta homens e lhes toma as vestes para dá-las aos convidados. Ele se separa da mulher e a entrega a um amigo.

Sansão não é somente forte, mas também cheio de fantasias sobre como pode fazer mal aos filisteus. Ele apanha trezentas raposas, prende-as duas a duas pelas caudas e ata entre as duas caudas uma tocha, à qual põe fogo. As raposas correm com as tochas acesas através dos trigueirais, das vinhas e dos olivais. A safra é completamente dizimada. Quando os seus próprios compatriotas levam-no preso e o entregam aos filisteus, Sansão rompe as cordas e mata os filisteus com a queixada de um jumento. Pouco depois, ele se apaixona por uma outra filisteia, chamada Dalila, e se casa com ela. Os filisteus pedem a ela que descubra de onde vem a força sobre-humana do marido. Nas primeiras três vezes Sansão engana a sua esposa. Então ela lhe diz: "Como podes dizer 'eu te amo', se não confias em mim? Três vezes já me enganaste não me revelando em que está tua grande força". Como ela o importunasse e insistisse todos os dias com suas lamúrias, ele caiu num desespero mortal e lhe contou todo o segredo: "A navalha jamais passou sobre minha cabeça [disse ele], pois eu sou consagrado a Deus desde o seio de minha mãe" (Jz 16,15-17). Como nazareno, ou seja, como dedicado a Deus, ele não pode, de acordo com o costume judeu, cortar os cabelos. Porém, Dalila faz que seu marido adormeça nos seus joelhos e raspa todos os seus cachos, de modo que a sua força desaparece. Os filisteus o agarram e furam-lhe os olhos. Em seguida, colocam-no na prisão. Quando, após algum tempo, eles fazem uma grande festa, pegam-no para se divertir. Porém, seus cabelos já haviam crescido novamente. Ele se abraça às colunas centrais do edifício e as derruba. Todo o edifício desaba sobre ele. "Assim, os que Sansão matou ao morrer foram mais numerosos do que os que matou em vida" (Jz 16,30).

A Igreja primitiva interpretou teologicamente a história das aventuras de Sansão. Ela viu nele o homem do sol, cuja história lembra a aventura do herói grego Hércules, um modelo para Cristo. Assim como o nascimento de Jesus foi anunciado a Maria, um anjo anuncia um filho a Manué. Esse filho será dedicado a Deus. Sua vitória sobre os inimigos é vista como uma representação da vitória de Jesus, que derruba os inimigos por meio de sua palavra. O fato de Sansão ter arrancado as portas de Gaza é tomado como uma representação da ressurreição de Jesus, uma vez que este quebra as portas da morte. Assim como Jesus, Sansão é amarrado e tratado com escárnio. A sua morte, por meio da qual os inimigos são destruídos, é vista como representação da morte de Jesus na cruz, na qual Ele nos livra dos nossos inimigos. Dessa maneira, a Igreja primitiva enfraqueceu aquilo que há de escandaloso na história de Sansão. Pode-se também compreender essa reinterpretação, feita pelos Padres da Igreja, de Sansão como um protótipo do caminho para se constituir como homem. Pertence à constituição deste vencer o mal, não se deixar determinar pelos inimigos da vida, de não permanecer no papel de vítima, mas sim lutar pela vida. No caminho para nos constituirmos como homens temos que encarar o risco de perder a luta.

Sansão é o guerreiro típico. Para nós é difícil lidar com o arquétipo do guerreiro. Afinal, as duas guerras mundiais custaram milhões de vidas humanas. E são sempre guerreiros que lançam o mundo em novas guerras. O arquétipo do guerreiro é contraditório. Isso é mostrado pelo deus grego da guerra, Ares (latim: *Mars*), o qual, por um lado, é uma representação da força masculina positiva, e, por outro, era o menos respeitado pelos deuses olímpicos devido à sua irritabilidade e à sua belicosidade.

O homem de Ares tem "um fio direto para os seus sentimentos e o seu corpo" (BOLEN, 1998: 256), mas pode também personificar o caráter agressivo incontrolável.

No sentido positivo, o guerreiro representa aquele que enfrenta o seu próprio medo e que toma as rédeas de sua própria vida. O verdadeiro guerreiro sempre luta pela vida. Ele não luta contra alguém, mas sim a favor das pessoas, de forma que elas possam viver em paz. Se não concretizarmos o arquétipo do guerreiro, "nunca estaremos conscientemente aptos para a paz e a solidariedade" (FISCHEDICK, 1992: 149). O verdadeiro guerreiro assume a responsabilidade pela sua vida. Ele determina os limites das expectativas dos outros. Porém, isso leva ao conflito, evitado por muitos, por terem tido experiências ruins com ele. Mas para desenvolver o nosso eu não podemos fugir dos conflitos. Se não os enfrentarmos seremos tomados de rancor, que será descarregado em todas as situações inoportunas. Sigmund Freud criticava, nos métodos de educação de sua época, o fato de que não se preparava o jovem em relação à agressividade. Em nosso tempo, no qual os jovens tendem à violência, é necessário haver uma orientação adequada para se lidar com a agressividade sem causar danos aos outros. A violência é uma forma inadequada de lidar com a agressividade. Aquele que se torna violento é dominado pela sua agressividade, ao invés de lidar com ela. A agressividade deve regulamentar a relação entre proximidade e distância e me tornar apto para definir os limites em relação às expectativas dos outros. Quanto à violência, só é exercida por aquele que permitiu que outros tivessem poder sobre ele. Não tendo conseguido definir os limites, ele quer aniquilar quem se apropriou intimamente dele. Porém, com isso, ele também se destrói. O violento pratica violência contra si mesmo. Ele assassina a sua alma.

Sansão não é todo-poderoso; ele tem um ponto fraco. Quando seu cabelo é cortado, ele perde toda a sua força. Os gregos contam a respeito de Aquiles, o herói mais corajoso. Ele é vulnerável no seu calcanhar. Os germânicos falam sobre Siegfried, que também não é invulnerável em todo o corpo. Ao se banhar no sangue do dragão, uma folha de tília cai sobre o seu ombro, fazendo-o vulnerável. Todo aquele que se envereda na luta pela vida acaba sendo ferido em algum momento. Nossa sociedade está interessada em procurar as fraquezas dos homens fortes, esses que se encontram sob os holofotes, e revelá-las. Muitos homens têm medo de que seus pontos fracos sejam descobertos. Eles se entrincheiram atrás dos seus supostos tanques de guerra ou se escondem por trás da fachada da correção. Para eles, o principal é não cometer erros. Mas, dessa forma, deles também não vem nada. Não correm risco algum parando de lutar por algo bom, por terem medo de fracassar e de que o mundo inteiro caia sobre eles. Recusam-se a colocar sua vida em jogo a favor da justiça e da paz. O verdadeiro homem encara sua fraqueza; ele continua lutando, com as feridas abertas, mesmo que os outros o importunem bastante.

Os gregos falam de *agonia*, a intensa dor do homem. Lucas descreve como Jesus foi atingido pela agonia no Monte das Oliveiras. Ethelbert Stauffer compreende-a como "Medo em torno da vitória – diante do confronto iminente, do qual depende o destino do mundo" (GRUNDMANN, 1996: 412). Trata-se da agonia, da prontidão para lutar por algo, mesmo que o preço seja a morte. É parte constitutiva do homem também se expor ao perigo da morte em sua luta pela vida. Patrick Arnold, jesuíta americano que escreveu sobre o arquétipo do guerreiro, considera que: "um homem precisa aprender a viver com a agonia – a não ser que ele resolva permanecer como espectador e passar a vida como observador na cadeira de balanço no terraço, tomando uma limonada com a sua tia casta" (ARNOLD, 1991: 61). Quem se confrontar com o arquétipo do guerreiro será ferido e sentirá medo. Porém, confrontará a vida com os seus conflitos. Dessa forma, dele pode advir vida, enquanto do espectador nada advém, a não ser tédio e fastio. Os espectadores, inclusive, têm mais conhecimento sobre tudo. Mas eles nunca se envolvem nos conflitos em torno da vida.

Precisamente nos dias de hoje, sob o signo do terror e de constantes ameaças de guerra, é necessário refletir sobre o arquétipo do guerreiro. É um grande perigo quando homens emocionalmente feridos, "inseguros sobre a sua própria importância, o seu valor e o valor da sua masculinidade" (ARNOLD, 1991: 142), identificam-se com o arquétipo do guerreiro. De tais guerreiros só podem vir destruição e desgraça. O principal mandamento do guerreiro é "nunca agir de forma violenta, ou com ódio cego ou com sede de vingança" (ARNOLD, 1991: 145). Quem precisa destruir o outro por estar interiormente destruído não é um guerreiro. Na verdade, é dominado pelo arquétipo do guerreiro e destrói cada vez mais a si mesmo. Para Robert Bly, o verdadeiro arquétipo do guerreiro está relacionado à defesa dos nossos limites psíquicos. O guerreiro estabelece os limites da interferência externa, isto é, contra as espetadas de seu entorno. E o arquétipo do guerreiro significa a resistência contra o mal; ele remete a características importantes do homem: "Coragem, entrega total, perseverança, destreza e equanimidade heroica" (ARNOLD, 1991: 142). O guerreiro não é violento, mas sim luta pela paz. Pacifistas como Mahatma Gandhi e Martin Luther King concretizam o arquétipo do guerreiro ao se negarem a ficar no papel de vítima. Com a força do guerreiro eles apelaram pela paz, alcançando-a. O oposto do guerreiro não é o pacificador, mas sim a vítima passiva, a qual se identifica com o papel de vítima e só se lamuria, afirmando que tudo é ruim, sem partir para a ação e lutar pelo bem.

A história bíblica de Sansão nos mostra aspectos essenciais do guerreiro: Ele é o domador de leões. Coloca-se à altura do leão. Entra em contato com a força do leão. Lida bem com a sua agressividade. Ele é apreciador de enigmas: luta não apenas utilizando a sua força física, mas também a sua inteligência. Trata-se de uma luta lúdica. Sansão é um ilusionista. Ele sabe como quebrar as algemas com as quais foi preso pelos próprios companheiros, com o intuito de entregá-lo aos filisteus. Ele não se deixa monopolizar, nem mesmo pelos seus amigos. O guerreiro é o homem livre, independente dos vínculos de parentesco; ninguém consegue aprisioná-lo. E, por fim, Sansão emprega a sua própria vida na luta contra os inimigos. Precisamos de homens assim, que rompem as cordas e os grupos de interesse e lutam em liberdade pela vida.

Talvez um motivo para a falta de interesse dos homens pela espiritualidade é que ela contém em demasia elementos tranquilizadores e calmantes, não reconhecendo a força do guerreiro. No início do monaquismo, o caminho espiritual era compreendido como luta. São Bento de Núrsia fala de *militia Christi*, a milícia de Cristo. São Bento convida o monge a agarrar as armas da obediência "para militar sob o Cristo Senhor, verdadeiro Rei" (*Regra de São Bento*. Prólogo 3). São Bento se situa na antiga tradição do monaquismo e dos Padres da Igreja que, em conexão com o pensamento da filosofia estoica, falam da luta espiritual, da luta contra as paixões e os demônios. Assim escreve São Basílio: "Um soldado deste mundo vai à *guerra* contra um inimigo visível. Contra ti, porém, não cessará de lutar um inimigo invisível" (SÃO BASÍLIO. *Holzherr*: 37). São Basílio escreve ainda que o soldado de Cristo não se deixa deter por nada "para servir ao Cristo Rei". Psicologicamente isso poderia ser traduzido assim: servir ao seu verdadeiro eu, buscar firmemente o caminho para o seu próprio centro.

Para São Bento, é ponto pacífico que a verdadeira luta acontece no interior do coração. Naquele tempo, a luta espiritual atraía muitos homens; aliás, os fortes. Hoje em dia, são mais os homens depressivos que se sentem atraídos pela espiritualidade. Nosso tempo tem necessidade da espiritualidade masculina, encarnada no início do monaquismo. Assim, muitos homens se deixariam convidar para assumir para si a luta espiritual. Porém, essa luta não é somente interior, mas também para fora, um conflito duradouro com os desafios da vida. O guerreiro se mantém a postos; ele não recua diante das dificuldades. A atitude fundamental beneditina da *stabilitas* significa concretamente uma constância duradoura na vida monástica. Não se trata, aqui, simplesmente de ficar em um mesmo lugar, mas sim de uma permanência interior, de não recuar diante dos conflitos da vida. Quem se mantém lutando compreende – assim viam os monges antigos – o Espírito de Jesus, que também era um guerreiro, uma pessoa que não recuava, mas se mantinha a postos. Ele não evitou o conflito, mas o suportou até o final amargo na cruz.

A Igreja primitiva conhece muitos santos que foram soldados, como São Jorge, Santo Acácio e São Maurício. As lendas desses santos enfatizaram a sua missão soldadesca pela vida; eram guerreiros que não dirigiam o seu lado bélico contra as pessoas, mas o empregavam para a proteção e a segurança delas. Além disso, guerra é diferente de luta. Lutamos em uma competição esportiva, lutamos pelos nossos objetivos. Na imagem da guerra, o inimigo também sempre desempenha um papel relevante. Trata-se de alguém que almeja nos matar. Para os primeiros monges, os santos soldados eram modelos para a sua luta contra os demônios que se colocavam em seu caminho e os desabilitavam para a vida. Por isso, São Bento compreendia a vida monástica como um serviço militar, como um combate contínuo com forças que tencionam aniquilar.

Na Idade Média havia o pacto de amor dos cavaleiros. Eles travavam duras lutas pela mulher que veneravam e adoravam; associavam luta e amor. O cavaleiro não era simplesmente atrevido, mas era também aquele que associava luta, medida e disciplina. Ele advogava pelos pobres. E, no amor cortês, ele delirava por uma mulher nobre, sem querer tê-la para si. O filósofo judeu Walter Schubart denomina esse tipo de amor de amor de adoração. Para ele: "O erotismo de adoração surgiu no século XII, com a simultânea atenção à mulher. [...] Devem ter sido mulheres geniais que, naquele tempo, inflamaram o homem até a adoração delas, derrubando a ordem de precedência que até então determinava a relação entre os sexos" (SCHUBART, 1941: 121s.). O que queremos dizer é que o guerreiro também lidaria de forma grosseira com as mulheres. No pacto de amor ocorria o oposto. O cavaleiro não queria possuir a mulher; ele a amava e cantava o seu amor em maravilhosas canções. Mas ele sempre mantinha uma razoável distância da mulher adorada. Não podemos copiar esse amor cortês dos cavaleiros, mas podemos aprender com ele a unir o guerreiro com o amante. Certamente existe ligação entre esses dois arquétipos. O Rei Davi, que abordaremos a seguir, une em si as duas imagens, a do guerreiro e a do amante.

8

DAVI
O rei

Davi é o maior guerreiro da história de Israel, e também o maior rei. O povo sempre se refere a ele. Como guerreiro e rei, foi a um só tempo cantor e poeta. Também foi um amante. Para Richard Rohr, o rei reuniria em si todos os arquétipos. Podia, ao mesmo tempo, lutar e amar; ser duro, assim como tocar cítara e cantar. Ele aglutinava a tensão expressa no título deste livro. Lutar e amar pertencem igualmente à condição masculina. Com Davi podemos aprender a unir esses dois polos em nós.

Davi não foi só amante, mas também amigo. A amizade com Jônatas, filho de Saul, o seu grande inimigo, é descrita na Bíblia com palavras tocantes. Homossexuais veem nessa amizade entre os dois guerreiros um modelo para aquilo que eles sentem por pessoa do mesmo sexo. Isso não significa que Davi e Jônatas eram homossexuais. Sobre isso a Bíblia nada nos diz. Mas os sentimentos que eles percebem dentro de si têm pelo menos uma coloração homoerótica. Não se trata de uma camaradagem entre dois guerreiros, mas de uma profunda amizade emocional. Assim, Davi, como rei, é tudo isto: guerreiro, amigo, poeta e cantor. Como podemos juntar os diversos lados de Davi? Vejamos a história dele da forma que a Bíblia nos conta.

Samuel tinha ungido Saul como rei. Porém, por ter sido desobediente a Deus, foi proscrito. Deus ordenou que Samuel fosse a Isaí. Lá, o Criador vai lhe dizer quem ele deve ungir como rei. Foi o filho mais novo que Samuel ungiu com o chifre de azeite. Porém, essa unção real permaneceu em segredo para o público. Depois que o Espírito do Senhor retirou-se de Saul, ele tornou-se depressivo ou, como a escritura diz: "Está bem claro que o espírito mau [enviado por] Deus te assalta" (1Sm 16,15). Os seus servos aconselham-no a procurar um homem que sabe tocar cítara para afugentar o mau espírito. Assim, Davi vai prestar o serviço a Saul, e este passa a amá-lo. Cada vez que Saul é assaltado pelo mau espírito, Davi toca a cítara. "Saul se sentia aliviado e melhorava, e o espírito mau se afastava dele" (1Sm 16,23).

Quando os israelitas estavam lutando contra os filisteus, o seu campeão Golias bradou que um dos israelitas deveria lutar contra ele. Nenhum deles se atreveu. O jovem Davi deu um passo à frente. Ele pegou o seu cajado, procurou cinco pedras lisas e as colocou no alforje. Golias sentiu-se insultado com o fato de que esse jovem se movimentava contra ele: "Porventura sou um cachorro para vires a mim com bastões?" (1Sm 17,43). Porém, Davi arremessa uma pedra, a qual atinge a testa do gigante Golias. Como uma árvore, ele tombou, e Davi cortou-lhe a cabeça, usando a sua espada. O fato de que o homem jovem e desarmado venceu o guerreiro experiente sempre fascinou as pessoas. A confiança em Deus contrapõe-se aqui à confiança na própria força. A confiança na ajuda de Deus fortaleceu a auto-confiança do jovem Davi, que, desarmado, se atreveu a ir ao encontro do guerreiro fortemente armado. Quem encontra sua razão em Deus não precisa vestir uma armadura; pode enfrentar sem armas aquele que o ridiculariza e combate.

Davi é festejado como herói, o que provoca ciúmes em Saul. Este agora quer matá-lo. Davi faz amizade com Jônatas, filho do opositor. "Jônatas começou a gostar de Davi como de si mesmo" (1Sm 18,1). Ele apoia o amigo quando o seu pai o ameaça. Davi foge de Saul, embora por duas vezes teve a chance de matá-lo; constantemente poupa o inimigo. Por fim, Saul e Jônatas morrem em combate contra os filisteus. Davi entoa um comovente cântico fúnebre. Ele lamenta a morte do seu inimigo Saul: "Filhas de Israel, vertei lágrimas sobre Saul: ele vos vestia de púrpura encantadora; ele pregava ornatos de ouro nos vesti-dos!" (2Sm 1,24). Davi encontra palavras maravilhosas sobre a sua amizade com Jônatas: "Quanta dor sinto por ti, Jônatas, meu irmão! Quanto me eras caro e querido! Tua amizade me era mais maravilhosa que o amor de mulheres!" (2Sm 1,26). Davi não é um guerreiro duro; ele luta pela vida; é apto para a amizade. A sua amizade com Jônatas mostra quanto sentimento e quanto amor há nele. O seu amor não é válido somente para as suas duas mulheres, Abigail e Aquinoã, e para a sua amante Betsabé, mas também para o homem Jônatas. A sua amizade com ele pode ser vista como modelo para uma relação masculina. Homosse-xuais masculinos sentem-se profundamente tocados pela canção da amizade a qual Davi cantou para Jônatas. Mas homens e mu-lheres heterossexuais também podem compreendê-la.

Como rei, primeiramente Davi só teve êxitos; uniu o povo e o defendeu dos inimigos. Contra a casa de Saul demonstrou ser misericordioso. Davi parecia ser o rei perfeito, porém também tinha o seu lado sombrio: acreditava que podia se permitir tudo como rei, e pagou por isso. Quando, do terraço da casa real, viu uma bela mulher se banhando, ele a cobiçou. Mandou que a trouxessem e dormiu com ela. Ela ficou grávida. Quando soube, Davi mandou chamar o marido dela, Urias. O rei queria que ele se deitasse com a sua esposa, Betsabé, para esconder a origem da criança. Porém, Urias se recusou fazê-lo. Então, Davi escreveu uma carta para o Comandante Joab, para que este colocasse Urias na frente de combate e o deixasse desamparado quando a luta estivesse violenta. Assim, Urias é enviado para a morte certa. Deus enviou a Davi o Profeta Natã, que o repreendeu a respeito do seu delito. Em forma de parábola, ele mostrou a Davi que ele agiu como um homem rico que pega a ovelha do pobre e anuncia que ele será punido: a criança que Davi espera da esposa de Urias morrerá. Além disso, o profeta o adverte que lhe ocorrerá desgraça vinda de sua própria casa. Absalão mata o seu irmão, por este ter violentado a sua irmã, e se volta contra o próprio pai. Ele se autoproclama rei, de forma que Davi tem que fugir de Israel. Na fuga, Davi é amaldiçoado por um homem chamado Semei. Quando os seus acompanhantes se prontificam a matar Semei, Davi os impede, dizendo: "Se ele amaldiçoa, e se o SENHOR o mandou amaldiçoar Davi, quem pode dizer por que Ele o faz?" (2Sm 16,10). Diferentemente de muitos reis, que mandam matar e calar todos os críticos, Davi se deixa ser amaldiçoado; ele enfrenta a sua sombra e os seus erros; ele sabe que não é irrepreensível, mas que carrega uma grande culpa.

Absalão vai ao campo de batalha contra o seu próprio pai, visando aniquilá-lo. Porém, os homens de Davi derrotam o exército do filho renegado. Davi tinha ordenado que o seu filho fosse poupado. Porém, quando ele, com os seus longos cabelos, fica preso nos galhos de uma árvore, Joab o mata, contrariando a ordem de Davi. Quando este recebe a notícia da morte de seu filho, ele a lamenta. Davi entra novamente como rei em Jerusalém, e decide que o seu filho Salomão será o seu sucessor. Este ficará conhecido no mundo inteiro pela sua sabedoria; porém, ao final de sua vida se tornará petulante e se desviará do caminho de Deus. Ao contrário, Davi seguirá até o fim sendo o rei temente a Deus. As suas últimas palavras são: "O Deus de Jacó disse, falou-me a Rocha de Israel: 'Quem governa os homens com justiça, quem governa com temor de Deus, é como a luz da manhã, ao nascer do sol, em manhã sem nuvens, que faz brotar da terra a relva verdejante após a chuva'" (2Sm 23,3-4).

Davi é o rei, o homem que determina a si mesmo, ao invés de ser determinado pelos outros. Porém, ele aprende isso à custa de um doloroso processo. Primeiramente, ele acha que, como rei, pode realizar todos os seus desejos. Quando cobiça uma mulher, acha-se no direito de ir atrás dela. Porém, o Profeta Natã o confronta com a sua própria conduta incorreta. E Davi não esconde isso, como fazem alguns políticos; ele assume sua culpa. Enfrenta tal culpa e chora a morte inevitável de seu filho. Porém, quando ele morre, Davi se lava e veste novas roupas. Ele está de acordo com aquilo que Deus exige dele. Quem aceita entrar na luta da vida, assim como quem toma para si a responsabilidade pelos outros, também descobrirá sempre os seus limites. Encontrará a sua própria intemperança e sobrevalorizará a si mesmo. Porém, a vida dá o troco. Davi nem sempre segue a direção do seu êxito; ele precisa fugir do seu próprio filho; precisa ver os seus filhos lutando entre si. Diante de tudo o que acontece, Davi recorre sempre a Deus, pedindo-lhe conselho. E recorre, também, aos profetas e sacerdotes, não somente aos políticos. Pode-se dizer que ele procura conselho no lado espiritual. Ele retorna sempre à fonte do Espírito de Deus, para beber de sua sabedoria. Sabe que a racionalidade não consegue governar sozinha. É necessária uma outra fonte para que se possa carregar a responsabilidade por este mundo de uma boa maneira.

O lado sombrio do rei santo, que faz derramar sangue sobre a terra, é o tirano, que domina os outros para aumentar a sua baixa autoestima. Ele precisa diminuir os outros para poder acreditar em sua própria grandeza. Os atos de tais tiranos são marcados por "táticas de intimidação, pela pressão, manipulação, mesquinhez e paranoia" (ARNOLD, 1991: 161). Em terra de tirano os súditos se escondem, ao invés de correrem riscos. No lugar da criatividade prevalecem a disciplina e a ordem. A vida murcha. Há uma grande tentação no homem de se atrair por esse arquétipo negativo do rei. A outra tentação consiste em recusar toda a responsabilidade e permanecer sendo um eterno garoto – um *puer aeternus*, como C.G. Jung denomina tal homem. Fala-se também do "Complexo de Peter Pan". Pan era o filho do deus grego Hermes. Ele representa o jovem que nunca quer se tornar adulto. Pan "vive em um mar de possibilidades e nunca está pronto para se engajar em uma coisa, pois ele não quer arriscar a próxima possibilidade que se apresentar" (BOLEN, 1998: 244). De acordo com Patrick Arnold, o *puer aeternus*, o homem encantador, pueril e superficial, é hoje bastante vendido pela cultura pop. Quando olhamos as vitrines não percebemos homens de verdade, mas rapazes pueris. É notório que até a mesmo a publicidade tem dificuldade para retratar homens legítimos. Essa tendência é perigosa, não somente para a transformação do homem em si mesmo, mas também para a nossa sociedade, pois os eternos garotos não liderarão a sociedade da melhor maneira, aja vista que se recusam a aceitar uma ligação e um dever e a assumir responsabilidade. O eterno garoto representa o homem não iniciado. Assim que ele chega ao meio da vida e reconhece que esta passou por ele, depara-se com a típica depressão da meia-idade.

Davi não é, desde o início, o rei esclarecido e misericordioso. Ele precisa percorrer um longo caminho, enfrentando muitos perigos, decepções e intrigas, suas fraquezas e seus medos para, finalmente, tornar-se moderado, misericordioso para consigo mesmo e para com as pessoas em sua volta. Por meio de toda a sua luta, ele torna-se apto para a amizade; demonstra sentimentos. Ele não se esconde atrás de um tanque de guerra; ele é um lutador que lamenta a perda de pessoas amadas; é um amigo que sustenta o seu amor; é um cantor que canta as suas experiências na vida diante de Deus. Ele expressa aquilo que o move. Também é, desde a juventude, o citarista que ama a música e que consegue, por meio dela, curar o depressivo Saul. Músicos e guerreiros são hoje para nós elementos contraditórios que dificilmente conseguimos imaginar juntos. Porém, revela-se aí uma representação essencial do tornar-se homem; somente aquele que admite ambos os polos, música e luta, brincadeira e responsabilidade, sentimento e razão, bem como vontade, adquire a maturidade que distingue o velho Rei Davi.

O arquétipo do rei que podemos identificar em Davi indica um homem que vive, ao invés de ser vivido pelo externo; que se apoia em si mesmo, está em harmonia com seu íntimo. E rei é aquele que estabelece a ordem em si mesmo, que estrutura de uma boa maneira não somente o reino externo, mas também a esfera interior da sua alma. De acordo com Richard Rohr, a tarefa mais importante do rei é fornecer ordem e paz ao território que ele governa: "Apenas com a sua presença as pessoas já se sentem seguras e protegidas. Aquele que chega a um local e consegue proporcionar ao grupo o sentimento de segurança e proteção, é um rei" (ROHR, 1993: 89s.).

Nos contos de fadas, a figura do rei representa a pessoa que integra todas as suas forças espirituais. São sempre três os filhos do rei que partem para ajudar o pai doente. E é exatamente o mais novo que traz para o pai o remédio que lhe devolve a saúde. Os três filhos representam as três esferas do homem: espírito, alma e corpo; razão, emoção e pulsão; cabeça, coração e estômago. Com frequência, os dois filhos mais velhos fracassam no caminho, devido à falta de cuidado com que tratam os animais que encontram, os quais estão ali para ajudar. Eles se entregam ao gozo de sua alta posição, sem percorrer o caminho de se constituírem em si mesmos. Dessa forma, os contos de fadas mostram como o homem se encontra ameaçado em seu caminho para se "transformar em si mesmo". Para me tornar rei preciso aceitar e me reconciliar com tudo o que há em mim, especialmente com o meu lado animalesco, com aquilo que eu tenho de feio e selvagem. Por fim, o rei transfere o seu poder ao seu filho e o abençoa. Abençoar os outros também pertence à essência do rei. Muitos homens jovens anseiam ser abençoados por um homem mais velho, por um rei.

Para o filósofo grego Platão, o rei não é apenas aquele que domina um território, mas também aquele que conhece os altos e baixos da condição humana. Nesse sentido grego, Lucas descreveu Jesus como rei, o qual, exatamente na cruz, desempenha esse legítimo papel. Nela ele atravessa todos os altos e baixos deste mundo. O Evangelho de São João compreende o reinado de Jesus de uma forma diferente; tal reinado não é deste mundo. Trata-se de uma realidade interior, à qual o mundo exterior não tem acesso e que ninguém consegue roubari. Em Jesus há uma dignidade real sobre a qual nenhum ser humano tem poder. E aquilo que Ele fala de si podemos também falar de nós: "Meu Reino não é deste mundo". Algumas vezes pedi que alguns homens refletissem por um tempo sobre essa frase. Eu os aconselhei para que colocassem uma pedra sobre a cabeça para forçá-los a andarem eretos. Então, deveriam pronunciar essas palavras em todas as situações de sua vida, especialmente naquelas de fraqueza, apequenamento, decepção e ferida. Assim, pressentiram que existe algo dentro deles que não pode ser destruído. O real neles vem de Deus; não é deste mundo. Por isso, o mundo não tem acesso a Ele. Isso é libertador. Por meio dessa frase entro em contato com "o lugar interior em mim" no qual Deus governa. Lá, o domínio do ser humano não tem acesso. Lá, nem mesmo as vozes autodepreciativas do superego têm poder sobre eu mesmo.

Todos os cristãos foram ungidos reis pelo batismo. Portanto, o arquétipo do rei pertence essencialmente ao homem cristão. Ser rei significa não se apequenar em relação àquilo que se é, mas conhecer em si a dignidade divina, colocando-se no caminho da liberdade interior e assumindo a responsabilidade pelo território confiado por Deus. Para nós, na maioria das vezes, este não se trata de um território exterior, mas uma família, uma empresa, um grupo. Trata-se também do território da própria alma, com os seus altos e baixos, com os seus picos e vales.

Rei é somente aquele que deixa de responsabilizar os outros pela sua situação e toma as rédeas da própria vida.

9

SALOMÃO
O amante

Salomão é descrito no Primeiro Livro dos Reis como rei sábio. Em sonho Deus o convida a fazer-lhe um pedido. Salomão não pede riquezas, mas sabedoria: "Portanto, dá ao teu servo um coração atento para julgar o teu povo e discernir entre o bem e o mal. Pois quem poderia governar este teu povo tão numeroso?" (1Rs 3,9). Deus lhe responde: "Cumprirei o teu pedido. Eu te dou um coração tão sábio e prudente como não houve nenhum outro antes de ti e nem haverá depois" (1Rs 3,12). Salomão mostra essa sabedoria naquilo que se tornou a expressão "sentença salomônica", quando duas mulheres chegam a ele e se acusam mutuamente, cada uma afirmando que a outra lhe roubou o filho. Quando Salomão decide que a criança deve ser dividida em duas, uma das mulheres pede que esta seja dada à outra, mas que não seja morta. Salomão reconhece nela a verdadeira mãe. O povo admira a sua sabedoria. A rainha de Sabá também admira sua sabedoria. A respeito dele a Bíblia diz: "A sabedoria de Salomão era maior do que a de todos os sábios do Oriente e do Egito" (1Rs 5,10). Lucas vê em Jesus a realização da sabedoria de Salomão: "E aqui está alguém maior do que Salomão" (Lc 11,31). Jesus personifica toda a sabedoria dos judeus e dos gregos, do Oriente e do Ocidente. O Antigo Testamento atribui a Salomão muitos provérbios, salmos e cânticos. Ele é tido como autor do Livro dos Provérbios, do Eclesiastes e do Cântico dos Cânticos. Mais tarde surgem os salmos e as odes de Salomão. Tudo isso demonstra que ele era visto como poeta, que cantava tanto a sabedoria quanto o amor.

Além de sua sabedoria, Salomão também é conhecido por ter amado muitas mulheres: "Ele teve setecentas esposas princesas e trezentas concubinas" (1Rs 11,3). A Bíblia não o censura por ter tido tantas mulheres. Naquele tempo, isso era comum. Tratava-se de uma outra maneira de viver a sexualidade e o erotismo. Podemos compreender as muitas mulheres de Salomão também no sentido figurado. Nesse sentido, elas nos mostram que o homem de hoje entra em contato com muitas mulheres – não somente com a sua esposa – pelas quais ele experimenta em si sentimentos eróticos. A questão é apenas como ele lida com esses sentimentos; se ele deseja possuir todas as mulheres pelas quais ele sente algo, ou se as respeita em liberdade e se alegra com a sua beleza e com o seu esplendor.

A Bíblia não censura no amante Salomão o seu amor pelas muitas mulheres, mas o fato de que, entre elas, havia muitas estrangeiras, as quais pertenciam a diferentes cultos e o seduziram a também venerar os seus deuses. Salomão mandou construir altares para todos os deuses e deusas que as suas mulheres veneravam. Pode-se dizer que o amor pelas mulheres só se tornou uma desgraça para ele quando passou a vê-las como deusas. No momento em que identifico uma mulher com uma imagem arquetípica, como uma deusa ou salvadora, torno-me incapaz do amor verdadeiro; passo a amar não a mulher, mas a imagem arquetípica nela. Uma vez certo homem disse-me que sua namorada era para ele uma salvadora. Tornou-se óbvio para mim que esse relacionamento não poderia estar bem. De fato, em pouco tempo eles se separaram. Amor significa que eu amo a mulher como mulher, não como uma deusa que cura todas as minhas feridas e soluciona todos os problemas.

O que, desde o início, enfraquecia os relacionamentos de Salomão com as mulheres era que ele só as conquistava devido à sua posição de rei. Ele não lutava por elas; faltava nele o "guerreiro" para que pudesse ser um bom amante. Sem concretizar o guerreiro em si, o homem não é capaz de conquistar uma mulher. Sem o guerreiro, falta-lhe paixão no amor, e este rapidamente se torna entediante. Desse modo, ele precisa de uma mulher após a outra, já que não sabe amar verdadeiramente nenhuma delas.

Fala-se de Salomão que "seu coração já não pertenceu integralmente ao SENHOR seu Deus, ao contrário de seu pai Davi" (1Rs 11,4). Deus se enfurece com Salomão e ameaça tirar-lhe o seu reino. Assim, seu reinado de quarenta anos, que começou de maneira tão sábia, termina na divisão de Israel. Já que Salomão estava dividido em si mesmo, o povo também se dividiu nos reinos do Sul e do Norte. Davi tinha começado pequeno e tinha morrido como um soberano sábio. Salomão começou como um rei sábio e rico e terminou como um homem que se deixou dividir pelas tendências divergentes de sua alma e, assim, causou divisão em torno de si. Essa é a tragédia desse grande rei, mas também um fenômeno que podemos observar com frequência na atualidade. Salomão é o típico sucessor; ele não precisa lutar; assume o reino que Davi construiu e estabilizou com muita energia e luta. Salomão não chega aos pés de seu pai com respeito à luta e organização. Por isso ele se entrega ao espiritual e negligencia o reino. Assim, o reino é destruído. Aquilo que começou tão bem termina por se dividir, pois lhe falta a energia do guerreiro e do rei.

Por outro lado, somente sobre Salomão a Bíblia diz: "Salomão amava o SENHOR" (1Rs 3,3). O amor pelas mulheres também o capacita para amar verdadeiramente a Deus. O amor ao Criador não estava em contradição com sua capacidade de amar as mulheres. Salomão expressa a forma pura de seu amor erótico e sexual em maravilhosos cânticos de amor, conforme os reunidos no Cântico dos Cânticos. Nesses cânticos o autor, que a tradição identificou mais tarde com Salomão, elogia o amor entre homem e mulher como sendo o maior presente que Deus deu ao ser humano. Neles, amado e amada cantam um para o outro: "Como és bela, minha amada! Como és bela, com teus olhos de pomba! E tu, como és belo, querido, como és encantador! O verde gramado nos sirva de leito! (Ct 1,15-16). Eles aproveitam o seu amor, que é cheio de erotismo e sexualidade, e cantam: "Não ireis acordar nem despertar o meu amor antes que ela o queira!" (Ct 3,5). O namorado sente-se enfeitiçado pelo amor da sua namorada: "Roubaste meu coração, minha irmã e minha noiva, roubaste meu coração com um só de teus olhares, com uma só joia de teu colar. Como são ternos teus carinhos, minha irmã e minha noiva! Tuas carícias são mais deliciosas que o vinho" (Ct 4,9-10). E a noiva canta para o seu amado: "Sua boca é só doçura; todo ele, pura delícia. Tal é o meu amado, assim é o meu companheiro, ó filhas de Jerusalém" (Ct 5,16). Ao final desse maravilhoso cântico de amor fica a compreensão: "Porque é forte o amor como a morte, e a paixão é implacável como a sepultura: suas centelhas são centelhas de fogo, labaredas divinas. Águas torrenciais não conseguirão apagar o amor, nem rios poderão afogá-lo. Se alguém quisesse comprar o amor, com todos os tesouros de sua casa, receberia somente o desprezo" (Ct 8,6-7). Os homens amam esses versos do Cântico dos Cânticos, os quais cantam o amor sexual entre homem e mulher sem o dedo da moral. Eles respiram algo da liberdade e do desejo que Eros provoca no homem.

O arquétipo do amante pertence ao homem maduro. Porém, muitos homens têm dificuldade para dar vazão ao amante em si, pois precisariam mostrar o seu interior e abdicar do controle sobre si mesmos. O amante dá vazão aos seus sentimentos. Ele mostra também o seu lado ferido. De acordo com Patrick Arnold, o amante pressupõe o homem amadurecido: "Em uma pessoa imatura e narcisista o amante degenera para um romântico choroso das paradas de sucesso ou para a patologia do tipo de personalidade dependente que se costuma chamar de 'carrapicho'" (ARNOLD, 1991: 222). Quem se abre para o amor torna-se vulnerável. Porém, sem ele, não é possível descobrir a riqueza interior da alma. O amor faz a vida jorrar no homem. Ao amante pertence não apenas a capacidade de amar uma mulher ou de se abrir ao amor amistoso diante de um homem; ele também quer cunhar sua relação com Deus. Em uma liturgia vigorosa o homem consegue, com bastante frequência, experimentar um ardente amor apaixonado por Deus. Quando ele se permite envolver, com todo o coração, no ritual, nas músicas, no silêncio, cresce em si um profundo amor por Deus.

O cristianismo muitas vezes separou o amor a Deus do amor apaixonado entre homem e mulher. Deus deveria ser amado de todo o coração, mas, em relação ao amor entre homem e mulher, suspeitava-se de que ele afastaria a pessoa do Criador. Porém, sem um forte erotismo, o amor a Deus também se torna fraco; perde o colorido da fantasia e a força da paixão. Muitos homens se afastaram da Igreja por não poderem harmonizar o arquétipo do amante, que eles sentem em si, com as concepções da Igreja sobre amor e sexualidade. Com frequência eles se sentiam feridos pela Igreja por esta sempre cobrir sua sexualidade com sentimentos de culpa. A partir da Bíblia o homem pode aprender a confiar em sua energia erótica e a se alegrar com a sua sexualidade. Ao mesmo tempo a Bíblia também lhe mostra formas de associar o seu amor erótico por homens ou mulheres com o amor divino, pois, em sua enorme necessidade de amor, ele sempre perceberá que sobrecarrega a mulher ou o homem com anseios que exigem demais deles. O amor pela mulher o conduz, no final das contas, a uma dimensão espiritual, a Deus, o único amante que consegue satisfazer o seu anseio. Quando um homem se apaixona, ele não somente experimenta um encantamento em todo o seu ser, como também entra em contato com as suas necessidades espirituais. Sem a experiência do estar apaixonado, a relação do homem com Deus permanece tímida, vazia, direcionada ao mero cumprimento de obrigações. Para Arnold o estado de paixão provoca um terremoto espiritual. Muitos homens preferem evitar esse terremoto para não perderem o controle de sua vida sentimental. Porém, a nossa relação com Deus só se torna apaixonada e afetuosa quando continuamos nos envolvendo com o estar apaixonado e com o amor.

A história de Salomão nos mostra também a ambivalência do arquétipo do amante. No amor pela mulher o homem experimenta a abertura para a transcendência e intui algo do misterioso amor de Deus. Porém, quando o homem deifica o amor pela mulher, quando ele vê nela a sua salvadora, a sua deusa, cai em uma dependência pouco saudável. Dessa forma, sua alma se torna dividida, como no caso de Salomão. O amor pela mulher tem algo a ver com o amor a Deus. Não é suficiente dizer, como na teologia protestante, que o casamento seria "puramente mundano", que o amor entre homem e mulher seria algo puramente terreno, pois, dessa forma, eu separo o amor erótico e sexual da sua raiz divina. O amor sexual é uma fonte importante de espiritualidade; nele o amor divino se expressa. Porém, não pode ser confundido com Deus, senão conduz à adoração de ídolos.

A Bíblia não dá lições de moral, nem mesmo no caso do amante Salomão. Ela indica os perigos do amor, mas continua cantando a sua beleza. Sempre cometeremos erros no amor, assim como o fez Salomão. O amante ultrapassa os limites e não se atém às leis. Porém, o próprio Salomão diz que "o amor encobre todas as ofensas" (Pr 10,12). "É melhor cometer um erro por amar demais do que não cometer nenhum por não amar" (ARNOLD, 1991: 229). No amor também só aprendemos por meio de erros e enganos. Com toda a sabedoria que adquirimos, não estamos isentos de que o amor nos deixe cegos. Ele não nos presenteia somente alegria e êxtase, encantamento e fusão de uma pessoa na outra, mas, com frequência, também tristeza, solidão, abandono, depressão. Ele nos conduz aos altos e baixos da paixão, ao céu e ao inferno, à luz e à escuridão. Possui uma grande força que rompe o nosso mundo autossuficiente, podendo curar as nossas feridas, mas também nos causando novas. Somente quem admite os dois lados do amor será por ele introduzido no mistério do verdadeiro processo de se tornar homem. Aquele que só delira sobre o amor utiliza-o como fuga de sua própria realidade; o que o recusa se fecha, por medo da transformação que o amor quer provocar nele.

O arquétipo do amante coloca o homem diante da tarefa de sempre continuar a crescer e amadurecer. O amar impede que ele identifique-se com o seu papel. Quem se identifica com o papel de chefe da empresa, de advogado ou de ajudante profissional, como enfermeiro ou assistente social, sente-se importante demais para se envolver na aventura do amor. Porém, com isso, ele recusa o seu desenvolvimento e o seu amadurecimento interiores. Mas o arquétipo do amante não abre o homem somente para o amor pela sua mulher ou para a amizade de um homem, mas também para a sua própria *anima*. A *anima* é, segundo C.G. Jung, o lado feminino do homem. O verdadeiro amante lida ternamente com a sua *anima*. Ele sente que há nele a capacidade de amar, a capacidade de dar e receber amor. E ele intui que há em si uma admirável *anima*, uma fonte de inspiração, ternura, compaixão e amor. Sem ela o homem torna-se seco; somente quando a integra torna-se um homem inteiro.

Para Jung, a *anima* não integrada fica evidenciada na instabilidade de humor do homem. Em relação a certos líderes de empresa a secretária sabe exatamente como está o seu humor no dia, se ela pode lhe expor determinados assuntos ou não. Porém, a secretária também percebe que essa instabilidade de humor em um homem quase sempre tão seguro de si esconde um lado sombrio que o impede de viver; ele não integrou a sua *anima*. Por isso, é determinado pelo seu humor e torna-se dependente delas. Deixando-se controlar pelas mulheres, não sabe lidar de forma madura com elas. C.G. Jung denomina a integração da *anima* a obra-prima que o homem deve realizar no seu caminho para se tornar ele mesmo. Porém, ao mesmo tempo ele diz que pouquíssimos conseguem de fato realizar essa obra-prima. Nos contos de fadas a união com a noiva sempre se dá ao final do caminho do herói. O amor verdadeiro só é possível quando o herói encontra as suas próprias sombras, quando ele enfrenta os perigos e se deixa convocar por Deus para a sua tarefa. Muitos homens fracassam no amor por acharem que já se encontram, por si mesmos, aptos para ele. Para que o amor seja bem-sucedido é necessário um encontro sincero consigo mesmo, bem como a experiência dos altos e baixos da condição humana.

10

JEREMIAS
O mártir

No Profeta Jeremias nos deparamos com uma outra imagem arquetípica para o homem: o profeta e o mártir. O significado de ser um profeta nos é descrito em sua vida. Profeta é aquele que diz aquilo que "precisa dizer de dentro de si". Ou, dito de outro modo: profeta é aquele que anuncia a Palavra de Deus, que diz aquilo que ouve no silêncio do Altíssimo. Frequentemente isso se contrapõe àquilo que se diz em outras situações, àquilo que as pessoas em geral desejam escutar. Jeremias é o profeta sofredor. Ele sente dentro de si o impulso de anunciar desgraças contra toda a euforia política, de perturbar a opinião geral ao misturar tons escuros aos gritos agudos de vitória. Mas também anuncia salvação onde todos ameaçam cair em depressão. Jeremias sustenta com a sua própria existência aquilo que diz; ele é testemunha daquilo que anuncia. No meio de um mundo hostil ele se torna mártir de sua mensagem. Dilacera o seu coração o fato de que ele tenha que se levantar contra a opinião geral. Sente-se solitário e, com bastante frequência, abandonado por Deus. De nenhum outro profeta sabemos tanto a respeito das suas lutas interiores quanto de Jeremias.

Ele é convocado por Deus quando jovem, no ano de 628 a.C. Em Jerusalém, governa o devoto Rei Josias, que novamente impôs a validade da lei de Moisés. Jeremias provinha de uma família de sacerdotes de Anatote. Ele mesmo relata sobre o seu chamado: "A palavra do SENHOR me foi dirigida nestes termos: "Antes mesmo de te formar no ventre materno, eu te conheci; antes que nascesses, eu te consagrei e te constituí profeta para as nações". Mas eu disse: "Ah! Senhor DEUS, eu não sei falar, porque sou ainda um jovem". O SENHOR me respondeu: "Não digas: 'Sou ainda um jovem!' Porque irás a quem eu te enviar e falarás o que eu te ordenar" (Jr 1,4-7). Jeremias não se coloca no papel de profeta. Ele é chamado por Deus contra a sua própria resistência e contra a sua própria ponderação de que seria incapaz de falar. Não são as suas habilidades que o tornam qualificado para ser profeta, mas tão somente o chamado de Deus. E Jeremias vivencia esse chamado como algo doloroso.

Após o falecimento do devoto Rei Josias, no qual o povo depositava todas as esperanças, é sucedido por Joaquim, que reina de 609 a 597. Este anula novamente a reforma de Josias; são introduzidas tradições pagãs. Jeremias se manifesta apaixonadamente contra elas e se contrapõe ao rei, que o persegue. Decepcionado com o fracasso da sua anunciação, Jeremias acusa Deus de tê-lo abandonado. Nas chamadas "confissões" ele exprime aos gritos o seu desespero: "Ai de mim, minha mãe, porque me geraste, um homem discutido e contestado pelo país inteiro! Não emprestei e nem me emprestaram, mas todos me amaldiçoam. [...] Nunca me assentei na companhia de gente alegre para me divertir. Por causa de tua mão, assentei-me sozinho, pois Tu me encheste de indignação. Por que é contínua a minha dor e incurável a minha ferida, que se recusa a ser tratada? Tu és para mim como um córrego intermitente, águas em que não se pode confiar" (Jr 15,10.18-19). Jeremias sente-se abandonado pelos seus próprios parentes. Os seus compatriotas estão contra ele. Ele fica sozinho contra todos e sofre por se encontrar em guerra contra o mundo inteiro. Não é a sua situação de não reconciliado que faz que ele brigue com todos. É a tarefa de Deus que o coloca de fora da comunidade. Porém, o profeta também se sente abandonado pelo Criador. Ele percebe Deus, de quem até então tirava a sua força, como um "córrego intermitente". Não consegue confiar nele. Jeremias acusa Deus: "Tu me seduziste, SENHOR, e eu me deixei seduzir; tu me agarraste e me dominaste" (Jr 20,7). Ele sofre por ter que gritar "violência e destruição". Porém, sempre que tenta omitir aquilo que ouve de Deus para se ajustar à opinião dos outros, "sentia em meu coração como um fogo devorador, encerrado em meus ossos. Estou cansado de suportar, não aguento mais" (Jr 20,9). Ele tem que falar, quer queira, quer não. Pois, sempre que rejeita Deus um fogo ardente queima de tal forma em seu coração que ele não consegue suportar. Porém, em toda queixa e desespero Jeremias não larga de Deus, pois ele sabe: "Mas o SENHOR está comigo como um violento guerreiro, por isso meus perseguidores tropeçarão sem prevalecer" (Jr 20,11).

Ele não encontra prazer em anunciar palavras proféticas; não se coloca por meio delas no centro das atenções. Hoje há muitos profetas autoproclamados. Eles não percebem o poder que exercem com palavras que divulgam como proféticas e como querem despertar o interesse por eles mesmos a partir disso. Sentem-se como se fossem especiais, pois acreditam saber exatamente qual é a vontade de Deus. Jeremias precisa ser pressionado pelo Todo-poderoso para anunciar aquilo que Ele lhe segreda, dando testemunho disso com toda a sua existência. A vida de Jeremias não é uma história de sucesso. Na verdade, ele é poupado do desterro dos judeus sob Nabucodonosor no ano de 597 a.C. Porém, no reinado de Sedecias (597-586), ele se torna suspeito de traição durante o cerco de Jerusalém, sendo capturado e mantido preso no átrio da guarda do palácio real. O rei manda buscá-lo secretamente e lhe pergunta se não teria uma palavra de Deus para ele. Jeremias profetiza que o rei será entregue às mãos do rei da Babilônia. Os servos queixam-se de Jeremias a Sedecias: "Que este homem seja condenado à morte! Na verdade, ele desencoraja os guerreiros que restaram nesta cidade e o povo" (Jr 38,4). A acusação contra o profeta é de subversão militar. Em seguida, ele é jogado em uma cisterna, onde fica atolado na lama. Um etíope – portanto, um estrangeiro – salva-o dessa terrível situação. O rei pede-lhe novamente uma palavra de Deus. Jeremias lhe responde: "Se eu te respondo, certamente me farás morrer. E se eu te aconselho, não me escutarás!" (Jr 38,15). Jeremias não é morto, mas o rei não segue aquilo que o profeta lhe diz. Assim, no final das contas, Jeremias vivencia o fracasso de sua missão. Ele certamente teria preferido dar esperanças ao rei, mas só pode dizer aquilo que Deus lhe diz. Com isso, ele contradiz a opinião pública, o clima de guerra.

Os judeus, que foram levados à força para a Babilônia, consolam o profeta em cartas. E quando Jerusalém cai, no ano de

586, ele é quem procura consolar o povo. Jeremias não se deixa contaminar pela depressão; ao contrário, opõe-se a ela. Porém, suas palavras de conforto trazem consequências. Elas escandalizam do mesmo modo que antes, com as profecias de desgraças. Porém, são palavras maravilhosas, que nos tocam ainda hoje: "E tu, meu servo Jacó, não temas – oráculo do SENHOR –, não te apavores, Israel! Porque vou te libertar de terras distantes e teus descendentes do país do cativeiro. Jacó voltará e terá paz, estará tranquilo, sem que ninguém o inquiete" (Jr 30,10). Jeremias promete cura a todos aqueles que sofrem por suas feridas: "Porque eu te aplicarei o remédio, curarei tuas chagas – oráculo do SENHOR" (Jr 30,17). E para aqueles que estão espalhados no estrangeiro, que se sentem abandonados por Deus, que duvidam da obra do Altíssimo, ele anuncia a Santa Palavra: Eu te amei com um amor eterno, por isso conservei amor por ti. Eu te construirei de novo e serás reconstruída, virgem de Israel. Com tamborins enfeitados, ainda sairás em meio a danças alegres" (Jr 31,3-4).

Jeremias é o profeta que sofre com a sua mensagem. Ele sente em si mesmo o chamado de Deus para anunciar a Palavra contra a opinião dominante. Isso o torna solitário, causa-lhe somente inimizade e hostilidade; entretanto, não há outra opção. Jeremias é, para todos os homens, um desafio a confiar naquilo que escutam de Deus em sua alma. Ele fala por meio da intuição, mas não temos certeza de que essa intuição está correta ou não. Entretanto, precisamos expressar aquilo que sentimos, mesmo que o preço seja o de ser desprezado pelas pessoas ou perder popularidade.

Uma vez que observarei mais de perto o arquétipo do profeta ao discursar sobre o Profeta Elias, quero me restringir, com Jeremias, à figura do mártir. Assim como todos os arquétipos, o mártir tem o seu lado edificador e valoroso, como também o seu perigo. A tarefa do mártir é aprender o amor. O perigo consiste no fato de que alguns mártires sacrificam-se para receber amor. Eles renunciam a si mesmos, ao invés de se entregarem. O mártir maduro entrega-se à vida e em prol das pessoas, mas sem renunciar a si mesmo. A sua entrega não tem qualquer efeito autodestrutivo, mas libertador. Ele personifica aquilo que Jesus disse: "Pois quem quiser salvar a sua vida vai perdê-la; mas quem perder a sua vida por amor de mim, esse a salvará" (Lc 9,24). A vida de quem se agarra desesperadamente a si mesmo torna-se vazia e apática. Somente começa a fluir a vida de quem se entrega à vida, de quem se envolve com aquilo que lhe é exigido. Porém, alguns compreendem erradamente essa entrega. Eles se sacrificam para receberem amor e atenção. Entretanto, o seu sacrifício cai no vazio. Eles sentem o mundo como injusto, pois nunca receberão aquilo que intimamente esperam; sentem-se explorados. O sacrifício não deve mutilar a pessoa. Não se trata de sacrificar aspectos essenciais de si mesmo, mas de se libertar para poder se entregar integralmente à vida e ao amor. Assim, experimentaremos vivacidade e realização interior na entrega.

Hoje o arquétipo do mártir é distorcido por meio dos atentados suicidas. Jovens se matam com o intuito de arrastarem consigo para a morte violenta a maior quantidade possível de pessoas. Aqui o martírio não serve à vida, mas apenas à morte. Não é o amor à vida que brota, mas o ódio por si mesmo e pelas pessoas. No final das contas, é uma expressão do desprezo pelas pessoas e por si mesmo; é uma visão pessimista de si que impulsiona alguém para tal martírio. Por não esperar nada da vida, destrói-se a si mesmo e, com isso, outros também. Em sua maioria, são homens que se autodestroem. Claramente, há uma masculinidade destrutiva que se ocupa da morte de forma doentia. A morte exerce uma fascinação singular em alguns homens; com frequência eles assistem a programas nos quais pessoas são mortas a tiro. Ou se dedicam a esportes radicais, nos quais a morte sempre é uma consequência aceitável. Estes homens se sentem vivos quando sentem a proximidade da morte. As mulheres têm uma outra atitude em relação à vida e à morte. O arquétipo do mártir não tem a intenção de fortalecer o anseio negativo do homem pela morte; pelo contrário, o verdadeiro mártir morre sempre pela vida. É pelo fato de servir à vida que ele coloca a sua vida em jogo.

Ao mártir também pertence a capacidade de sofrer. Ele "reconhece que o sofrimento é uma parte da vida que ele não pode negar, nem da qual pode fugir, além de não poder impedir completamente por intermédio da atividade de guerreiro. O sofrimento pode se mostrar para nós como parte imanente do nosso crescimento e do nosso amadurecimento" (FISCKEDICK, 1992: 221). Jeremias assume o sofrimento, mas não o procura; não se pode identificar nele uma busca masoquista pelo sofrimento. Porém, como ele se agarra à sua mensagem, não se esquiva do sofrimento com o qual se depara. Desse modo, ele é precisamente purificado pelo sofrimento e capacitado para as palavras de conforto, as quais são cheias de amor. Em suas profecias consoladoras pode-se perceber que ali está um homem que aprendeu a arte do amor por meio do sofrimento. Quem quer se tornar homem não pode se retirar do caminho do sofrimento. Não deve procurá-lo, mas, percorrendo esse caminho de forma autêntica, sem se deformar, descobrirá nele que – como constantemente disse C.G. Jung – trata-se de um cruzamento que ele atravessará muitas vezes. Dizer sim a isso e não fugir disso é a imagem do mártir, que continua valendo para nós.

O mártir dá, com toda a sua existência, testemunho daquilo que ele representa. Os mártires da Igreja primitiva atestaram com a sua própria morte a ressurreição de Jesus. O seu testemunho da verdade era mais importante para eles do que as suas próprias vidas. Alguns relatos de mártires nos parecem demasiadamente pesados. Sempre é relatado que os primeiros cristãos dirigiam-se alegremente para a morte. Sob uma perspectiva psicológica, intuímos aí uma tendência masoquista; porém, se tentarmos entender a mente desses homens e mulheres corajosos, descobriremos que, para eles, a morte não era importante, mas o testemunho de Cristo. Eles queriam dar testemunho dele com toda a sua existência; não queriam chegar a qualquer falso acordo com o poder mundano. De tais homens e mulheres transparentes e heroicos necessitamos hoje, tanto quanto naquele tempo. São pessoas que não se curvam; elas não somente falam sobre a verdade e não somente pregam a sua fé, mas a atestam com toda a sua vida; elas não procuram a morte, mas o seu testemunho envolve também a disposição de morrer pela sua fé. Para elas, a verdade é mais importante do que a vida; a clareza e a coerência interiores estão acima do bem da existência física. Os relatos de mártires da Igreja primitiva estão repletos de uma esperança alegre na vida eterna. Por acreditarem na ressurreição de Jesus, os cristãos não se amedrontavam diante de ameaças de morte; para eles, ela perdeu todo o horror. Por isso eles puderam atestar a sua fé com a própria vida. Sua fé não era um rótulo religioso, mas a base que os sustentava, a fonte que os abastecia. Eles teriam que negar o fundamento de sua vida caso tivessem aceitado as propostas de seus juízes para salvá-la.

Os mártires não são somente um fenômeno da Igreja primitiva; o nosso tempo também os produz. No Terceiro Reich houve homens e mulheres destemidos que aceitaram a morte em sua luta pela verdade e pela justiça. Na América Latina ainda são assassinados homens e mulheres que levam a sério a mensagem cristã e defendem os pobres. Quando ouvimos a respeito de sua vida e de sua morte percebemos que o nosso tempo também vive dessas pessoas; sem elas, nossos dias seriam mais pobres. Entretanto, atualmente também somos mais sensíveis à ambivalência desse arquétipo. Torna-se perigoso quando alguém se identifica com a imagem arquetípica do mártir; tal pessoa pode passar a gostar desse papel. Às vezes vivenciamos isso em grupos. Alguém se sente incompreendido e rejeitado, mas, ao invés de se esforçar para esclarecer e enfrentar o conflito, foge para o papel de mártir. Com isso, fica cego para as suas próprias necessidades e para a sua parcela de contribuição no conflito. Como mártir, ele se torna um crítico constante dos outros: "Vocês são culpados pelo meu sofrimento. Vocês me escolheram para mártir". Para alguns é uma tentação desempenhar tal papel; eles se sentem especiais e podem se colocar acima dos outros. Os verdadeiros mártires nunca se identificaram com a imagem arquetípica; eles deram testemunho com toda a sua existência. Converteram-se em mártires na sua luta pela verdade; deles emanam liberdade e clareza, força e sinceridade. Os homens são fascinados por esses mártires; gostam de ler as suas histórias; sentem que deles emana uma energia masculina, da qual gostariam de compartilhar. Oscar Romero ou Martin Luther King, Dietrich Bonhoeffer ou Graf Moltke são exemplos de homens firmes que não temem a morte; mostram publicamente uma imagem positiva do homem, uma imagem que convence tanto homens quanto mulheres.

Tenho orgulho do meu pai pelo fato de ele não ter se curvado ao Terceiro Reich. Por ter recusado a saudação hitlerista, tornou-se suspeito e foi advertido por diversas vezes. Já em 1938, um policial estava de pé em frente à sua loja e queria fechá-la, pois ela tinha um nome de cor (*Grün* – verde). Nomes de cores eram tidos como judeus. Meu pai manteve-se calmo e exigiu que o policial se identificasse. Percebendo que não o impressionava, o policial se tornou mais humano e se retirou sem fazer nada. Meu pai nos ensinou a ser claros e a nos responsabilizarmos por aquilo que é importante para nós. Mesmo que eu nem sempre obtenha sucesso, imagino o meu pai atrás de mim quando acontece de eu me acovardar demasiadamente com algo. Então, ele me fornece o apoio para que eu permaneça sendo uma testemunha clara.

11

ELIAS
O profeta

Enquanto Jeremias é o profeta que duvida e sofre com a sua tarefa, Elias parece ser o profeta forte e autoconsciente. Ele luta sozinho contra os 450 profetas de Baal e os derrota; manda matar todos aqueles que não professam a sua crença (cf. 1Rs 18). Em sua agressividade Elias absolutamente não nota o seu lado sombrio. Quem luta tão apaixonadamente contra algo sente-se, na maioria das vezes, mais atraído por aquilo que quer aniquilar. Baal representa o deus da fertilidade, as divindades femininas de Canaã; Javé é o deus masculino, o deus da guerra. Hoje vemos que Elias tem uma concepção unilateral de Deus e se aferra a ela. Sua mensagem profética está misturada com uma espiritualidade rigorosa. Enquanto pode exercer o seu lado masculino, ele se sente forte. Porém, assim que se confronta com o lado feminino, na forma da Princesa Jezabel, sua auto-confiança desmorona. Agora, "temeroso, Elias partiu para salvar a vida" (1Rs 19,3). Ele foge de Jezabel, do lado feminino, o qual ele combatia. Porém, quando está sozinho no deserto, esse lado o alcança novamente. Agora ele se encontra sem a proteção de sua força masculina, com a qual poderia lutar contra os outros; agora ele está abandonado à própria sorte e não encontra mais vontade de viver; o que mais deseja é morrer. Ele diz a si mesmo: "Agora basta, SENHOR! Tira a minha vida, pois não sou melhor do que meus pais" (1Rs 19,4). Ele cai em uma profunda depressão. Exatamente no ápice do seu sucesso e de sua força, encontra o seu próprio lado sombrio e não consegue suportá-lo. Fica decepcionado consigo mesmo; reconhece que aquilo que combatia nos outros está nele mesmo. Ele não é melhor do que os seus pais, nem é melhor do que aqueles contra os quais lutou.

Deus leva Elias à sua escola; envia-lhe um anjo para acordá-lo e erguê-lo. Este o fortalece com pão e água. Porém, após comer e beber, Elias deita-se novamente. O anjo precisa vir uma segunda vez para levá-lo ao caminho. Então, com a energia provida dessa dieta, ele caminha quarenta dias e quarenta noites pelo deserto, na direção do Monte Horeb. Lá, Deus lhe mostra que a sua concepção a seu respeito era parcial. O profeta só queria ver Deus como o poderoso que extermina os seus opositores na fogueira de sua ira. Porém, Ele é um Deus brando e gentil; pode ser encontrado na voz silenciosa do vento. No silêncio o profeta tem que deixar todas as suas concepções de Deus para encontrar um Deus totalmente diferente; um Deus que ele não pode mais utilizar para si; um Deus que não se deixa servir de instrumento para as suas próprias fantasias de onipotência ou para as suas concepções de masculinidade. Elias aceita tomar o caminho para o qual o Criador o chama; ele reconhece um Deus totalmente diferente. E assim Elias termina como o maior profeta do Antigo Testamento. É arrebatado ao céu após definir Eliseu como seu sucessor e lhe dar o seu espírito.

É dramática a passagem da Bíblia que nos conta sobre o arrebatamento de Elias ao céu: "Enquanto seguiam pela estrada conversando, de repente apareceu um carro de fogo com cavalos também de fogo, separando-os um do outro, e Elias subiu para o céu no turbilhão. Quando Eliseu o viu, começou a gritar: 'Meu pai, meu pai, carro de Israel e sua parelha!'" (2Rs 2,11-12). Elias introduz Eliseu ao ofício de profeta. É como uma iniciação ao processo de tornar-se homem. Eliseu pede ao seu mestre que este lhe conceda uma porção dobrada do seu espírito. Elias promete fazê-lo. Quando ele é arrebatado ao céu, Eliseu toma o manto do profeta e bate com ele na água, que recua. O aluno é dotado com a força do mestre. Porém, ele tem que seguir o seu próprio caminho. Ele conheceu Elias como um pai e como aquele que conduz o destino do povo. Sem ele, Eliseu sente-se só. Porém, dotado com a sua força, ele tem confiança para fazer aquilo que Deus lhe ordena. Atualmente os homens precisam de tais pais e professores que os introduzam na arte de se tornar homem.

Elias possuía algo de ardente em si; ele podia entusiasmar. Porém, essa capacidade também tinha o seu lado sombrio; podia converter-se no fogo da paixão, como mostra a passagem dos sacerdotes de Baal, quando o fogo o levou a assassinar os sacerdotes. Ao morrer, o próprio profeta converte-se em fogo; ele se transformou no fogo do amor de Deus. Agora, aquece como fogo as pessoas que desde sempre têm ansiado pelo fogo. Homens capazes de entusiasmar, como Elias, precisam atravessar o fogo de Deus, de forma a não arrastarem as pessoas em uma direção que nada tem a ver com o Todo-poderoso, mas sim com a sua própria ambição. Sempre estão surgindo pessoas que entusiasmam os outros. Com bastante frequência, elas usam erroneamente essa habilidade; tornam os outros dependentes deles. Elias é levado ao céu para que as pessoas não mais o perseguissem, mas que fossem redimidas pelo seu espírito. Elias é purificado por Deus para que o fogo que está nele só dê testemunho do Altíssimo, e não mais de sua própria paixão. Elias encontra a sua própria fraqueza. Somente assim ele pode empregar corretamente a força com que Deus o presenteou. Sem o encontro com o seu próprio lado sombrio o homem corre o perigo de destruir as pessoas com a sua força, em vez de edificá-las e encorajá-las.

No Batismo todos os cristãos são ungidos profetas, e nossa tarefa enquanto tal tem diversos aspectos. Um profeta é aquele que exprime Deus de uma forma totalmente pessoal. Cada um é profeta quando traz à expressão neste mundo a palavra única que Deus fala somente em sua vida. Cada pessoa tem algo de Deus a comunicar, algo que só pode ser dito por ela; cada pessoa pode tornar visível um aspecto de Deus que só por meio dela pode trazer luz a este mundo. Uma outra tarefa do profeta é ver as coisas do modo como Deus as vê: "O verdadeiro profeta nos recorda, sem compromisso, de quem realmente somos, o que estamos fazendo aqui e o que somos aos olhos e no coração de Deus" (ARNOLD, 1991: 198). Ele abre os nossos olhos para expormos as ilusões que criamos, sob a influência da opinião dos outros, sobre nós e sobre as condições do nosso mundo. Há um profeta interior em cada um de nós, mas ele está frequentemente soterrado, ou só tocamos a superfície. Assim, transformamo-nos em resmungões permanentes, apenas insatisfeitos com o que existe, mas sem indicar um caminho para o futuro. O verdadeiro artista também sempre está em contato com o seu profeta interior. "A verdadeira arte é profética. [...] O artista sincero nos mostra uma visão da realidade que nos convida a ver, escutar e sentir as coisas de uma nova maneira" (ARNOLD, 1991: 201).

O terceiro aspecto da condição de profeta é que nos levantamos com toda a nossa existência e reagimos à injustiça, onde quer que a encontremos. Também pertence à condição de profeta a oposição à falsidade dos poderosos, sem considerar o seu próprio bem-estar. O profeta não se contenta com viver de modo conformado e correto. Ele gosta de elevar a sua voz quando sente que este mundo e que a Igreja estão indo por caminhos errados. Ser profeta significa chamar as coisas pelo nome, sem produzir medo. O Concílio Vaticano II renovou a mensagem profética da Igreja. Mas quem são hoje os homens da Igreja que se atrevem a elevar as suas vozes contra o espírito do tempo, em prol da verdade e da justiça, bem como daqueles que não têm voz na sociedade, dos marginalizados e excluídos? O profeta vive perigosamente, sendo que é bastante alto o preço de ele expressar as condições atuais deste mundo a partir do seu "profeta interior". Ainda hoje os profetas pagam o seu encargo com a vida, seja em El Salvador, no Zimbábue ou na Argélia. A própria Igreja tem dificuldades com eles, preferindo calá-los e impedindo-os de ocupar certos cargos eclesiásticos. Com frequência, a censura contra os críticos afirma que eles só querem "manchar a reputação da Igreja" ou se mostrar como acusadores. Porém, o profeta não critica com o intuito de acusar, mas para trazer a vontade de Deus novamente à consciência, e tal vontade nem sempre coincide com as nossas concepções a respeito de uma Igreja harmônica que prefere colocar os seus conflitos debaixo do tapete para transmitir ao mundo exterior a aparência de unidade.

O perigo com o "arquétipo do profeta" situa-se no fato de que o "profeta" se identifica com o "arquétipo", tornando-se cego para a sua própria verdade. Considera que é o único que ousa dizer a verdade, e que todos os outros são covardes. Com tais pensamentos ele se coloca acima dos outros e se sente como se fosse "algo especial". Não percebe o quanto a sua necessidade de poder e a sua reivindicação de direito absoluto interferem. Um outro perigo consiste em evocar o Espírito Santo e fazer previsões para outras pessoas sobre aquilo que acontecerá, ou pintar cenários de terror para o futuro. Muitas pessoas não sabem se proteger de tais profecias, pois acham que elas possam ser verdadeiras. Quando, no papel de profeta, eu falo a uma pessoa, fico acima dela; abandono o nível de comunicação normal e me coloco como superior a ela. Tal pessoa deve simplesmente me obedecer. Eu não deixo que as minhas profecias sejam colocadas em dúvida; elas não podem ser questionadas. Sempre há pessoas que sucumbem ao risco de se identificarem com a imagem arquetípica do profeta e se inebriam com o poder pleno que ganham por meio dela.

Elias vivenciou o risco do profeta; ele desfrutou do poder que tal posição lhe deu. Porém, teve que vivenciar dolorosamente como esse aspecto do profeta foi tirado dele; precisou ir para a escola de Deus para escutar, no silêncio, Aquele que nem sempre lhe dá uma palavra a qual ele possa arremessar nas pessoas. No silêncio, Deus nem sempre fala; fica calado com a pessoa. Ele não quer somente a sua voz, mas principalmente o seu coração. No silêncio, o profeta encontra o seu próprio lado sombrio. Ali, ele reconhece o perigo de querer se colocar acima dos outros. Porém, nesse silêncio, a Palavra de Deus também lhe pode ser transmitida; uma palavra com a qual não pode mais se gabar, mas pela qual ele pode advogar com toda a sua existência. Somente quando o profeta abre o seu coração para Deus é que pode falar em nome dele. Assim, tal pessoa não fala somente para mostrar o seu poder, mas porque Deus a impulsiona para isso. Nosso tempo carece de tais homens, que se deixam desafiar por Deus para, como profetas, agirem contra todas as tendências que ameaçam a vida e enfrentarem os poderosos que abusam do seu poder para oprimir o povo. Homens proféticos precisam de um pouco da força e do fogo que Elias irradia.

12

Jó

O justo sofredor

Jó não é uma figura histórica, mas a epopeia de um homem sábio e justo. Quase nenhuma outra figura bíblica recebeu tanta atenção da literatura pós-Segunda Guerra Mundial quanto Jó, que significa "o hostilizado". Ele experimenta a vivência de um homem que é hostilizado por todas as pessoas, e que não sente nem o próprio Deus como seu amigo e protetor, mas como o inconcebível que exige dele infelicidade. Jó também pode ser traduzido como "Onde está o pai?" Quem passa por tanto sofrimento como ele sente-se sem pai. Da mesma forma que Jó, gritamos para Deus como Pai quando uma doença incurável nos aflige, quando o edifício de nossa vida desmorona, ou quando uma pessoa querida é tirada de nós. Apelamos ao Pai quando não mais compreendemos a nossa vida. Acusamos

Deus, pois não o sentimos mais como Pai, mas, assim como Jó, como inimigo.

A Terra de Hus, de onde Jó provém, não pode mais ser localizada geograficamente. Trata-se de uma terra ideal, na qual as pessoas ainda tinham uma relação original e intacta com Deus. Uma vez que a relação com Deus ainda não é turvada pelo pecado, reina nessa terra um estado paradisíaco. Entretanto, Jó é expulso desse paraíso pelo poder do mal, o que o atira em uma dura prova de fé. O conflito narrado pelo autor desse livro bíblico era típico do povo de Israel, principalmente no período do exílio na Babilônia. Porém, trata-se também de um conflito que diz respeito a cada homem que se esforça pela integridade e, entretanto, experimenta constantemente sofrimento e desgraça. O Livro de Jó aponta, para os homens, maneiras de não se desesperarem e não enlouquecerem diante de Deus quando tudo desmorona sobre eles.

De Jó afirma-se: "Era homem íntegro e reto, que temia a Deus e se mantinha longe do mal" (Jó 1,1). Sua retidão foi recompensada: teve sete filhos e três filhas, assim como um grande patrimônio. Ele vivia em paz e se alegrava com a sua vida. De repente é atingido pela desgraça. Tudo é tirado dele; primeiramente, as suas posses; depois, os seus filhos e então a sua própria saúde. Depois de perder tudo o que lhe era mais caro, ele caiu sobre a terra e disse: "Nu saí do ventre de minha mãe, nu para lá hei de voltar. O SENHOR deu, o SENHOR tirou; bendito seja o nome do SENHOR!" (Jó 1,21). O homem tão bem-sucedido não se agarra às suas posses e concorda que Deus tenha lhe tirado tudo. Por si só essa atitude já é surpreendente; ele larga todas as ilusões de uma vida bem-sucedida. Então chegam os amigos para apoiá-lo em silêncio; eles o fazem durante sete dias e sete noites, "sem dizer-lhe uma palavra, pois viram como era grande a sua dor" (Jó 2,13). É uma atitude magnânima suportar a dor do outro em silêncio. Porém, quando, após sete dias, começam a falar, eles tentam encontrar uma teoria para o destino de Jó, que, para eles, é a confirmação de sua teologia, ou seja, somente o culpado sofre desgraça, o que significa que Jó deveria investigar onde ele tinha contraído culpa.

Quando eu interpreto o destino de uma pessoa e desenvolvo uma teoria a esse respeito, isso é sempre um sinal de que eu mantenho uma distância dessa pessoa. Eu não me permito envolver com aquele que está sendo provado pelo sofrimento; escondo-me da teoria que criei.

Jó se protege das teorias dos seus amigos e contra as suas tentativas de interpretar o seu destino. Ele rejeita todas as tentativas de interpretação e se aferra à ideia de que não é culpado diante de Deus. Para nós é surpreendente, mas todos aprendemos que somos pecadores. Jó confia em seu sentimento; ele não agiu contra Deus nem contra a sua santa vontade. Ele confia na própria intuição sobre aquilo que é certo e não se deixa convencer pelos amigos, contra a sua própria consciência, de que ele é culpado pelo seu destino. Por fim, Deus lhe dá razão; Ele diz aos amigos de Jó: "Não falastes de mim com retidão, como fez o meu servo Jó" (Jó 42,7). Deus não oferece um discurso apologético, apenas mostra a Jó o milagre da sua criação. Isso convence o sofrido homem. Quando vê com os próprios olhos o que Deus criou, reconhece: "De fato, falei de coisas que não compreendia, maravilhas superiores a mim, que não entendia" (Jó 42,3).

Em Jó fascina-me o fato de que ele não se rende; ao contrário, confia em sua intuição. Ele não se sente culpado; é um homem que os homens podem entender. Eles aprenderam ao longo de séculos que sempre têm que se apequenar diante de Deus, que devem procurar culpa em toda parte. Jó permite que nós nos assumamos como somos, sem nos culparmos. Nietzsche criticou acertadamente algumas vezes a tendência, no cristianismo, de que tudo cheira a pecado, desvalorizando as pessoas. Com isso ele captou o sentimento de muitos homens que se afastaram do cristianismo por terem se cansado de procurar a culpa em tudo e de se sentirem sempre pecadores. Não se trata de justificar tudo aquilo que as pessoas fazem, mas sim ter uma atitude positiva em relação às suas próprias ações. O homem virtuoso tem realmente uma visão sobre aquilo que é correto, sobre os valores que ele gostaria de representar. Porém, não pode aceitar que todos os seus esforços e a sua integridade sejam desvalorizados por meio de questionamentos sobre tudo e da descoberta de pecado e culpa em toda parte. E Jó nos dá a coragem para atuarmos contra todos os modelos precipitados de interpretação. Não podemos responder por que, exatamente a nós, tal doença ou tal destino atingiu. Devemos simplesmente suportar o fato de não termos uma interpretação. Os homens se defendem quando alguém quer lhes explicar exatamente por que eles se encontram nessa ou naquele situação. Eles têm uma sensibilidade para o inexplicável; preferem resistir do que confiar em tentativas precipitadas de fornecer uma explicação.

Deus fornece uma justificativa para Jó e lhe dá, por fim, todas as suas posses de volta. Após ele ter largado tudo, quando ele desistiu de se definir pelas suas posses e por sua reputação, ele recebeu tudo de volta. Desse modo pôde aproveitar tudo, sem se agarrar a nada. A Bíblia mostra, com esse justo sofredor, que Deus pode transformar até mesmo o fracasso. Para a pessoa que teve tudo destruído, Ele pode, com frequência, construir algo ainda melhor do que o que tinha antes. Trata-se de uma mensagem consoladora para homens cujas vidas não andam tão bem quanto eles tinham sonhado.

Em Jó encontramos o justo sofredor, que era uma imagem arquetípica para Israel, a qual foi posteriormente transferida para Jesus. Nessa imagem é expressa a experiência dolorosa de que muitas vezes são exatamente os justos que devem sofrer. Aqui a teologia do sofrimento é reescrita; pois em todas as religiões também existe a concepção de que a pessoa cria o seu próprio sofrimento, de que ela é culpada pela sua própria doença. Obviamente, sabemos, com base na psicologia, que há algo de correto nessa teologia. Porém, trata-se também de uma teologia perigosa, pois diz a cada doente: Você mesmo criou a sua própria doença. E diz a cada sofredor: A culpa é sua. Você seguramente viveu à margem de si mesmo e de sua verdade. Jó nos liberta dessa teologia que despreza o ser humano. Não, o sofrimento nem sempre atinge aqueles que o merecem, mas, com bastante frequência, aqueles que viveram retamente. Ele vem de fora, sem que, sempre, possamos identificar a causa. Em nada nos ajuda ficar procurando desesperadamente uma culpa em nós, seja psicológica, seja moral. Assim como Jó, podemos lutar contra o sofrimento, combatendo e lutando junto com Deus; podemos acusá-lo por exigir tal coisa de nós. Todos os sentimentos são permitidos, e somente depois de termos admitido todos os sentimentos de raiva, tristeza, decepção, desespero e dor, eles podem se transformar, e podemos, então, assim como Jó, reconhecer de uma vez por todas o segredo de Deus. Entretanto, continuamos sem poder explicar o sentido de nosso sofrimento; renunciamos a explicar teoricamente sua causa e sentido. Caímos em silêncio diante do Deus ininteligível e da dor incompreensível. Ao renunciarmos a interpretar algo, pode crescer algo novo em nós, assim como em Jó, que ousou um novo começo e cuja vida tornou-se mais rica do que antes.

A imagem arquetípica do justo sofredor assemelha-se à do mártir. Porém, há também uma diferença entre elas. O mártir encontra o sofrimento porque ele sustenta a sua convicção; o justo sofredor não sabe por que tem que sofrer. Ele não sofre nem porque é justo nem porque pecou. O sofrimento permanece um mistério. Jó não tem como explicar o porquê do seu sofrimento; ele só pode dizer sim àquilo que o atinge; sua tarefa é aceitar o desafio do sofrimento e amadurecer com isso. Os homens preferem evitar o sofrimento; eles o recalcam ou tentam vencê-lo com todos os recursos possíveis, como medicamentos, técnicas espirituais, estratégias de alimentação e assim por diante. Ou então eles querem combatê-lo e controlá-lo. Sofrer, para eles, é um desafio para transformar algo; lidam de forma ativa com o sofrimento. Isso é realmente um lado positivo dos homens. Porém, existe também um sofrimento que não pode ser combatido nem vencido. Com ele, a pessoa precisa se reconciliar. E isso, com frequência, é muito difícil para os homens. Para eles, é uma doença narcísica admitir que não podem vencer o sofrimento com as suas próprias forças. Mas quando aceitam e enxergam um desafio no sofrimento, este se torna um importante mestre para eles. Força-os a se libertarem das ilusões que construíram de si, como a ilusão de possuírem a sua vida nas próprias mãos, ou de poderem garantir a saúde por meio de um modo de vida saudável. Na doença e no sofrimento, tudo aquilo ao qual eu me agarrei me é tomado. Não posso mais me definir pelo meu sucesso, pela minha força, pela minha saúde. Preciso de uma razão mais profunda; no final das contas, preciso de Deus como a verdadeira razão pela qual vivo.

Homens que se colocaram diante do sofrimento e que o atravessaram irradiam uma qualidade própria; tornaram-se sábios; o sofrimento os tornou indulgentes e lhes apresentou mistérios profundos. Quando encontro tais homens sinto-me, sempre, profundamente tocado. É estimulada em mim uma reverência diante do mistério desses homens, de sua verdade, da transformação que eles experimentaram no sofrimento. O Livro de Jó termina com este personagem recebendo de volta todas as suas posses e se tornando ainda mais rico do que antes. A experiência que está por trás desse *happy end* é, para mim, confirmada nos homens que passaram por sofrimento. Eles não recebem de volta a antiga saúde, ou força, ou sucesso, mas há alguma coisa que emana deles que é mais do que riqueza exterior. A riqueza interior que refletem supera tudo o que irradiavam antes de atravessarem o sofrimento. Tais homens me fascinam, e percebo que deles emana a sabedoria que poderia nos instruir sobre como a vida pode verdadeiramente ser bem-sucedida. É claro que eu poderia dizer o mesmo a respeito de mulheres provadas pelo sofrimento, as quais têm um esplendor semelhante. Nelas também já grande sensibilidade pelo mistério do justo sofredor.

13

JONAS
O pícaro

O Profeta Jonas é um homem interessante. O jesuíta norte-americano Patrick Arnold enxerga nele a concretização do arquétipo do pícaro. Não é por acaso que há uma série de adaptações da história de Jonas em diversas línguas. A história desse profeta deixou em muitas pessoas ao menos a impressão de que Deus tem senso de humor, e que Jonas, contra a sua vontade, torna-se um pícaro, tal qual um palhaço de circo, que, na maioria das vezes, involuntariamente se envolve com as mais engraçadas situações. O autor que criou a história de Jonas tinha claramente ideia do humor de Deus. A arte medieval geralmente descrevia o profeta como um homem jovem com a cabeça raspada. Em muitas representações artísticas fica visível o lado picaresco dessa figura bíblica.

Jonas recebe de Deus a tarefa de ir a Nínive e ameaçar a cidade de punição. Porém, ele toma a direção errada, fugindo de sua tarefa. Mais tarde ele se justifica, afirmando que sabia que Deus seria misericordioso e não cumpriria a sua ameaça. Isso irrita o Criador. Assim, ele encontra um barco que vai para Társis, na Espanha. No caminho, o barco ameaça afundar durante uma violenta tempestade. Os marinheiros lançam a sorte para descobrir quem era o culpado pela infelicidade. A sorte cai sobre Jonas. Contra a sua vontade, ele se vê obrigado a admitir que está fugindo de Javé. Por ordem dele mesmo os marinheiros atiram-no ao mar, e imediatamente cessa a fúria deste. Involuntariamente, Jonas converte os marinheiros a Javé; eles oferecem um sacrifício ao Deus de Israel e fazem-lhe votos.

Um grande peixe engole Jonas, cuspindo-o após três dias. Essa é uma imagem conhecida do mito do herói, que sempre é engolido por um monstro. Porém, daí ele se purifica e amadurece, nascendo de novo. Jonas recebe novamente de Deus a tarefa de ir a Nínive. Agora ele obedece ao comando. Caminha pela cidade e anuncia: "Ainda quarenta dias e Nínive será destruída" (Jn 3,4). E para surpresa geral e completa irritação do profeta, o povo de Nínive leva seu anúncio a sério e se converte. Ele tem êxito com sua pregação. Porém, não está satisfeito com isso; preferia que a cidade fosse destruída a ser convertida. Cheio de ira em virtude do seu êxito involuntário, ele se queixa a Deus: "Pois eu sabia que Tu és um Deus clemente e misericordioso, paciente, cheio de amor e que se arrepende do mal. Mas agora, SENHOR, toma a minha vida, eu te peço; pois é melhor para mim a morte do que a vida" (Jn 4,2-3). Trata-se de uma reação surpreendente; ele gostaria de morrer somente porque os habitantes de Nínive decidiram-se pela vida. A raiva de Jonas ganha, aqui, algo de humorístico e grotesco. O profeta é como um palhaço que conscientemente se sepulta em sua raiva e tristeza, reagindo de forma exatamente oposta àquela que o espectador espera.

De forma igualmente burlesca o livro continua. Jonas se assenta próximo à cidade e faz uma cabana para si, e nela observa o que aconteceria à cidade. Deus cuida amorosamente do profeta, fazendo crescer um pé de mamona "para dar sombra à sua cabeça e libertá-lo de seu mau humor" (Jn 4,6). Jonas chega a alegrar-se disso. Porém, quando um verme roi a raiz e ela seca, ele deseja a morte. E quando Deus lhe pergunta se ele realmente tem razão em se irritar por causa da mamoneira, Jonas responde com raiva: "Sim! está certo que eu me aborreça até a morte" (Jn 4,9). Neste episódio o profeta age como uma criança que fica desafiadoramente amuada. Porém, os adultos olham sorrindo para ela, não a levando a sério. E talvez o próprio Jonas não tivesse levado a sério o seu comportamento exagerado. Ele representa uma tragédia, mas no fundo sabe que, na verdade, trata-se de uma comédia.

Para mim, o livro de Jonas é mais do que a confirmação da — como está escrito na introdução da tradução ecumênica[3] — "vontade universal de Deus, que quebra todas as barreiras". Para mim, é exatamente a forma humorística desse livro que é salutar. Ele humoriza a relação com Deus; não leva muito a sério o sermão e o comportamento de Jonas. Sempre que os homens levam a sua vida demasiadamente a sério, quando eles trabalham de forma penosa para fazer tudo corretamente, sua rotina

---

3. A *Einheitsübersetzung* é a tradução ecumênica da Bíblia, comum para católicos e evangélicos [N.T].

se torna entediante; carece de amplitude e vivacidade. O humor é a condição para que a pessoa se aceite com toda a descontração, impedindo-a de seguir uma espiritualidade carregada de seriedade. Por vezes os nossos livros religiosos respiram muito *pathos*. O livro de Jonas não possui *pathos*, assim como o pícaro, que desmascara o patético como fuga da realidade da vida, uma realidade que é, com bastante frequência, banal e mediana. O humor é a admissão do mediano e do cotidiano, mas uma admissão amorosa e serena, não "com dentes cerrados". Isso é uma característica que eu sempre apreciei em meu pai. Quando algo acontecia de modo diferente do que havia imaginado, ele não ficava com raiva, mas ria. Quando os negócios iam mal e os meus pais não podiam nos presentear, ele compensou isso explicando pacientemente à minha irmã mais nova como a boneca sem cabelos era bonita. Ela ficou pouco impressionada com a sua fala e jogou a boneca em um canto. Meu pai fez uma nova tentativa, novamente sem sucesso. Ele não repreendeu a minha irmã; ao contrário, simplesmente riu. A teimosia dela causou nele mais impressão do que o seu próprio talento discursivo.

Há três imagens arquetípicas do pícaro. A primeira é retratada na figura de um animal, como o coiote entre os índios. Em muitos filmes de animação o pícaro na figura de animal comemora o seu triunfo e provoca risos no espectador. De acordo com C.G. Jung, o animal picaresco nos lembra de nossa essência animalesca primitiva. Ao nos fazer rir ele nos faz admitir os nossos impulsos animais com bom humor. Quem nega o seu lado animal é constantemente apanhado por ele. O pícaro animal quer nos ensinar sabedoria, da mesma maneira como os animais o fazem em muitos contos de fadas.

Muitas vezes, o pícaro aparece em forma humana, revelando o nosso lado sombrio. Ele é como um boneco que sempre fica em pé, um "João Bobo" que sempre se levanta quando nos identificamos com o nosso papel; ele não permite que nos enganemos. O pícaro é, no final das contas, uma figura espiritual; ele nos protege de nos insuflarmos com a nossa fé e de nos colocarmos acima dos outros; ele nos lembra que somos humanos. "Uma fé saudável é caracterizada pelo humor, que sabe rir de si mesmo; o pudor sóbrio, ao contrário, domina na religiosidade mórbida" (ARNOLD, 1991: 215). Na Idade Média havia na Igreja a Festa dos Loucos, com um bispo criança e um papa louco. Certamente a religião necessita dos loucos para não ser desviada pelo dogmatismo e pela insistência fundamentalista na tradição.

Os gregos conhecem Hermes como o pícaro divino; é o enganador cheio de truques. Já no dia do seu nascimento, o pequeno Hermes rouba o gado do seu irmão Apolo. Quando este, em sua sabedoria, apesar das pistas astutamente apagadas, chega à caverna de Hermes e suspeita do roubo, ele se faz de inocente. Porém, como um bebê vestindo fralda, Hermes não parece um ladrão. Quem entra em contato com o "Hermes em si" destaca-se pela esperteza, astúcia e capacidade de mudar a sua forma. Como qualquer arquétipo, este também tem dois lados. Quem é dominado por tal arquétipo torna-se um ladrão cheio de imaginação e um enganador astucioso. Hermes também era, para os gregos, o condutor das almas; ele compreende as intrigas da alma, sendo o único deus que vagueia pelas três regiões: o céu (Olimpo), a terra e o submundo. Ele tem acesso a profundas sabedorias espirituais; desce às profundezas do Hades, em seu próprio mundo de sombras, de forma que tudo aquilo que está encoberto nas nossas profundezas venha à luz. O verdadeiro significado do pícaro divino é que ele nos revela a própria verdade de forma bem-humorada e nos dá coragem para, na humildade (*humilitas*), descermos ao reino das sombras de nossa alma e trazermos à luz tudo aquilo que preferimos reprimir.

Quando os homens se juntam, com frequência contam piadas. Às vezes as mulheres se irritam com o fato de eles rirem de piadas superficiais ou fortes. Porém, os homens têm a necessidade de se divertirem entre si. Ainda que, por vezes, essas piadas se deem à custa das mulheres ou à custa dos poderosos, por meio delas é expressa a necessidade de não levar a vida tão a sério, de sair do duro mundo profissional, sair do *pathos* de uma espiritualidade exagerada que se leva demasiado a sério. O humor faz parte da condição masculina; o homem precisa do pícaro em si para viver descontraidamente neste mundo. Sem tal imagem ele se exaltaria com raiva a respeito da situação do mundo. Porém, é notório que o pícaro também tem o seu lado sombrio, podendo ridicularizar todas as coisas e recuar diante de qualquer responsabilidade. Sempre são necessários ambos os polos: a disponibilidade de lutar contra toda a injustiça do mundo e, ao mesmo tempo, a liberdade interior que o pícaro representa diante de todos. O verdadeiro pícaro desmascara toda a falsidade e toda a injustiça deste mundo. Nesse desmascaramento, com frequência há mais força do que no choque violento. Quem luta contra algo de forma tensa frequentemente fica preso à luta e não consegue dar um passo adiante. Quem desmascara a injustiça leva dela o poder. O humor é uma força subversiva. Por isso, principalmente os estados totalitários o temem. Mas ainda hoje os políticos aparecem com grande *pathos*. Daí a necessidade da função social do pícaro, o qual desmascara o *pathos* como tentativa de manipular as pessoas.

14

PEDRO
A rocha

Pedro é visto por todos os evangelhos como o apóstolo que desempenha um papel de liderança entre os discípulos. Porém, ao mesmo tempo, os evangelhos descrevem este homem com erros e fraquezas. Jesus o chama de rocha; esta representa solidez e constância. Deus é designado na Bíblia como a rocha que nos protege. Em uma rocha a pessoa pode se apoiar; ela dá segurança. Porém, Pedro, a rocha, passa mais uma impressão de inconstância; ele é covarde e se desvia. Primeiramente, Simão precisa percorrer um longo caminho de amadurecimento para se converter em uma rocha para os outros. Dizemos de alguns homens que eles são sólidos como uma rocha; nós os admiramos. A história de Pedro nos mostra que também em nossa covardia e fraqueza podemos nos tornar uma rocha para os outros, caso nos permitamos seguir o caminho da transformação, conforme os evangelhos descrevem sobre Simão.

Em outro Evangelho Jesus chama, em primeiro lugar, Simão e o seu irmão André. Ambos pertencem à classe pobre dos pescadores, que só possuem uma rede, mas não têm um barco. Tiago e o seu irmão João, por outro lado, situam-se acima na escala social; eles também são pescadores, mas dirigem uma frota de pesca com barcos (Mc 1,16-20). Lucas apaga essas diferenças sociais. Para ele, Pedro pertence à classe média; ele toma o lugar central imediatamente após o seu chamado. Quando os discípulos, sob as ordens de Jesus, conseguem uma farta pescaria, Pedro cai aos pés de Jesus e diz: "Senhor, afasta-te de mim, que sou um homem pecador" (Lc 5,8). Pedro reconhece, no encontro com Jesus, sua própria realidade, e por isso precisa admitir que é um pecador, que não pertence aos virtuosos que seguem Jesus por estarem em um caminho espiritual. Pecador, em grego, designa uma pessoa que perde o seu objetivo, que vive à margem de si mesmo.

Mais tarde, Pedro torna-se o porta-voz, como na transfiguração de Jesus (Lc 9,33). Por um lado, ele é impulsivo. Quando Jesus faz uma pergunta aos discípulos, Pedro sempre responde espontaneamente. O trecho mais conhecido é a passagem na qual Jesus pergunta aos discípulos quem, no dizer do povo, é o Filho do Homem. Pedro dispara imediatamente: "Tu és o Cristo, o Filho de Deus vivo!" (Mt 16,16). Jesus o louva com esta resposta: "Feliz és tu, Simão, filho de Jonas, porque não foi a carne nem o sangue quem te revelou isso, mas o Pai que está nos céus. E eu te digo: Tu és Pedro e sobre esta pedra construirei a minha Igreja e as portas do inferno nunca levarão vantagem sobre ela" (Mt 16,17-18). Por ter reconhecido o mistério de Jesus e acreditado nele como o Messias e filho do Deus vivo, Pedro torna-se a rocha para a Igreja; pessoas que se mantêm firmes na fé tornam-se rochas para outras. Nelas, aqueles que duvidam sempre podem se reerguer.

Porém, Pedro não cumpre o papel de rocha que Jesus lhe destinou. Quando o Mestre fala sobre o sofrimento e sobre a morte violenta que o espera em Jerusalém, Pedro chama-o à parte e tenta dissuadi-lo: "Deus não permita, Senhor, que isso aconteça" (Mt 16,22). O sofrimento de Jesus não condiz com a sua imagem de Deus e a sua imagem do Messias. Pedro quer compelir Jesus à imagem que ele tem do Messias bem-sucedido, e acha que Deus deve protegê-lo do sofrimento. Jesus se dirige a ele asperamente. "Afasta-te de mim, satanás. Tu és para mim uma pedra de tropeço, porque não tens senso para as coisas de Deus, mas para as dos homens" (Mt 16,23). É uma dura repreensão que cai sobre Pedro. Jesus lhe atesta que ele só tem as próprias ideias na cabeça, mas não compreende qual é a vontade de Deus. Finalmente, Ele o censura por não ser a rocha na qual pode confiar, mas uma pedra em seu caminho. Pedro, que entre os apóstolos deveria ocupar uma função de liderança, não consegue compreender o sentido da paixão de Cristo.

No final das contas, Pedro desempenha, em todos os evangelhos, um papel inglório na paixão de Cristo. Quando este fala que os discípulos se escandalizarão dele na noite do seu sofrimento, Pedro responde presunçoso: "Ainda que todos fiquem desapontados contigo, eu jamais me decepcionarei" (Mt 26,33). Jesus profetiza que ele o trairá três vezes naquela noite. Pedro, porém, repudia isso, enfatizando com total certeza e com forte *pathos*: "'Ainda que eu tenha de morrer contigo, não te negarei'. E o mesmo diziam todos os discípulos" (Mt 26,35). Porém, poucas horas depois Pedro prova ser um covarde perante uma simples criada. Em uma situação aparentemente inofensiva, ela lhe fala que ele estava junto com Jesus. Caso os sacerdotes quisessem que os discípulos de Jesus fossem presos, eles o teriam feito quando prenderam o Mestre. Pedro aproveita o ensejo da observação inofensiva da criada para negar Jesus. "Não sei o que dizes" (Mt 26,70). Na segunda vez, a sua negação torna-se ainda mais incisiva: "E de novo ele negou com juramento que não conhecia o homem" (Mt 26,72). Ele, que percorreu a terra durante três anos junto com Jesus, nega conhecê-lo. Da terceira vez, começa até mesmo a amaldiçoar e a jurar não conhecer aquele homem. Quanto medo e quanta covardia se exprimem nessas palavras de Pedro! Ele não queria ser importunado; não foi capaz de se assumir. Ele não nega somente a Jesus, mas também a si mesmo. Não queria queimar no fogo dos seus oposi- tores, mas gostaria de se sentir aquecido no frio da noite e de se sentir bem. O calor de pessoas desconhecidas torna-se mais importante para ele do que a amizade de Jesus, por quem ele era tão fascinado. Quando o galo canta, Pedro se dá conta do que fez. "E, saindo para fora, Pedro chorou amargamente" (Mt 26,75). Johann Sebastian Bach musicou essas palavras de forma impressionante. E, para os solistas que cantam essas palavras, cada vez é um desafio expressar devidamente a dor de Pedro.

João descreve Pedro de sua maneira. Depois de se ter pro- clamado "o Pão da Vida" e ser abandonado por muitos dos discípulos, Jesus perguntou aos doze: "Também vós quereis ir embora?" Simão Pedro respondeu: "Senhor, para quem iríamos? Tu tens palavras de vida eterna. Nós acreditamos e sabemos que Tu és o Santo de Deus" (Jo 6,67-69). Aqui também Pedro é o interlocutor; dá apoio a Jesus; proclamou sua fé nele. Seus olhos foram abertos para o fato de que Deus se expressa por meio de Jesus e que as suas palavras realmente conduzem à Vida. Nas palavras de Jesus, Pedro encontrou vida; quando o Mestre falava ele se sentia vivo; é isso que ele gostaria de apoiar. E por isso era o primeiro a responder diante dos demais apóstolos. Porém, também em João, Pedro trai Jesus em sua paixão. Após a morte de Jesus, João descreve algumas passagens nas quais Pedro desempenha um papel importante; porém, sempre junto do discípulo que Jesus amava. Os exegetas acham que João queria indicar aqui o vínculo de sua comunidade, que remonta ao "discípulo amado", com a Grande Igreja, na qual Pedro desempenha papel relevante. Para mim, trata-se mais da caracterização de Pedro.

Quando Maria Madalena descobre o sepulcro vazio e conta aos discípulos, Pedro e o discípulo amado começam uma corrida. Este é mais rápido do que Pedro, mas lhe cede a vez. Pedro entra no sepulcro, e vê os fatos: "Depois chegou Simão Pedro, entrou no sepulcro e viu as faixas de linho no seu lugar e o sudário que tinha estado sobre a cabeça de Jesus. O sudário não estava com as faixas de linho, mas enrolado num lugar à parte" (Jo 20,6-7). Pedro apura o que vê, mas não compreende. O discípulo amado, por outro lado: "viu e creu" (Jo 20,8). Aqui, Pedro é o homem racional, que só apura os fatos, mas não sabe interpretá-los. É um homem impulsivo, mas ao mesmo tempo lento. O discípulo amado é mais rápido do que ele.

Isso também se torna claro no encontro do Ressuscitado com os discípulos no Lago de Tiberíades. Lá, Pedro é novamente o interlocutor. Ele diz aos demais discípulos: "'Eu vou pescar'. Os outros disseram: 'Nós também vamos contigo'" (Jo 21,3). Pedro é o ativo; ele toma as rédeas da vida. Porém, os discípulos não pescaram nada durante a noite. Quando Pedro age somente com a própria força, suas ações não têm sucesso. Quando os discípulos, sob o comando de um homem que estava às margens do lago, voltam mais uma vez ao mar e enchem a rede de peixes, o discípulo amado reconhece de imediato: "É o Senhor" (Jo 21,7). Ele reconhece nesse estranho homem à margem o Ressuscitado. A reação de Pedro é típica de seu temperamento impulsivo: "Assim que Pedro ouviu que era o Senhor, vestiu a roupa – pois estava nu – e se jogou na água" (Jo 21,7). Não faz muito sentido vestir a túnica para jogar-se ao mar. Mas é evidente que Pedro não se atreve a ficar nu perante Jesus, preferindo aparecer para Ele com a roupa encharcada. Ele ainda não consegue enfrentar a sua verdade, a sua traição. Porém, na roupa molhada, ele expressa que algo nele se transformou; que, na paixão de Jesus, ele mergulhou na água da purificação. E a túnica molhada indica que o papel desempenhado por Pedro, de alguém seguro de si, amoleceu. Jesus aceita Pedro como ele é. O Mestre faz com ele e com os discípulos uma refeição em volta do fogo, a qual é preenchida por uma atmosfera singular. "Nenhum dos discípulos se atreveu a perguntar-lhe: 'Quem és tu?', sabendo que era o Senhor" (Jo 21,12).

Após a refeição, Jesus pergunta três vezes a Pedro: "'Simão, filho de João, tu me amas mais do que a estes?' Ele respondeu: 'Sim, Senhor, Tu sabes que eu te amo'. Jesus disse: 'Apascenta os meus cordeiros'. Jesus perguntou pela segunda vez: 'Simão, filho de João, tu me amas?' Pedro respondeu: 'Sim, Senhor, Tu sabes que eu te amo'. Jesus lhe disse: 'Apascenta as minhas ovelhas'. Pela terceira vez Jesus perguntou: 'Simão, filho de João, tu me amas?' Pedro ficou triste por lhe ter perguntado três vezes 'tu me amas?' e respondeu: 'Senhor, Tu sabes tudo, sabes que eu te amo'" (Jo 21,15-17). Claramente, o questionamento triplo de Jesus lembra a Pedro a sua tripla traição. Este reconhece que não pode declarar o seu amor com toda a autoconfiança. Agora, ele coloca diante de Jesus toda a sua verdade: "Senhor, Tu sabes todas as coisas. Tu sabes quão covarde eu fui; como eu te traí, somente para me aquecer no fogo dos meus opositores. Eu não quero me justificar, pois não há o que disfarçar. Foi dessa forma. Eu te traí. Porém, ainda assim Tu sabes que eu te amo, que, do fundo da minha alma, muito mais profundo que a minha covardia que, com bastante frequência, enche o meu coração, está o amor por ti. E eu quero viver completamente desse amor". Pedro precisa enfrentar a sua verdade; ele permite que Jesus olhe no fundo de seu coração. É doloroso saber que há covardia e traição em seu próprio coração. Porém, ao apresentar a sua verdade a Jesus, Pedro para de se desvalorizar; ele não se culpa, mas tampouco se desculpa; não se apequena, mas também não se engrandece, como por vezes fazia. Agora ele é como é: covarde, mas também cheio de amor; medroso, mas também cheio de confiança. Ele traiu Jesus, mas também quer ser fiel. Ele não pode mais jurar essa fidelidade; sabe o quão fraco é, o que está escondido em seu coração em termos de motivações egoístas, como misturou a amizade a Jesus com as suas próprias necessidades de grandeza. Porém, ele confia que Jesus veja mais profundamente, que Ele veja por trás da covardia um coração que anseia por amor e lealdade e com o qual ele é devotado ao Mestre em amor verdadeiro. Ele não pode mais se gabar desse amor. Porém, admite, com a sua resposta, que, apesar da traição, algo nele é totalmente verdadeiro, que no fundo de seu coração se esconde um amor verdadeiro e puro. Ele agora quer viver desse amor, e Jesus confia a ele a sua Igreja: "Apascenta as minhas ovelhas" (Jo 21,16).

Pedro é a rocha sobre a qual Jesus constrói a sua Igreja. A rocha parece ser frágil. Porém, nessa mensagem há também algo consolador para nós. Quando nós reconhecemos, assim como Pedro, quem é Jesus, então nos convertemos também em rochas para outras pessoas. Podemos, em meio à nossa fraqueza, à nossa covardia e à nossa traição, tornar-nos rochas para os outros. Em uma rocha é possível se apoiar; tem-se uma base sólida sob os pés. Há pessoas que são capazes de fornecer um fundamento. Ao lado delas ganhamos coragem para nos sustentar por nós mesmos. Perto delas, temos uma posição firme, e nada pode nos abalar tão facilmente. Em uma rocha pode-se também se recostar. Essa é também uma necessidade que todos nós temos. As mulheres recostam-se em homens nos quais elas podem se amparar. Muitas vezes se queixam que os maridos não lhes dão suporte, que elas não sentem neles uma rocha, mas algo sem firmeza, que sempre cede. Uma rocha também provê proteção contra temporais; em uma sombra a pessoa se sente segura.

Para mim, o meu pai foi uma rocha na qual eu podia confiar. Eu quase não me recostava nele fisicamente, mas, com a sua calma, ele era como uma rocha na rebentação. Ele não perdia facilmente a calma. Quando nos agitávamos com algo, relativizava. Ele tinha resistência e uma opinião clara. Entretanto, sua estabilidade lhe possibilitava também ceder de vez em quando, sem ficar teimando obstinadamente para sustentar a sua opinião. Nas discussões, expressava claramente a sua opinião, mas também deixava termos as nossas. Ele me dava segurança. A rocha simplesmente fica lá; não precisa se afirmar o tempo todo. A partir dessa segurança ela provê simultaneamente serenidade e calma. A experiência com meu pai ensinou-me a nunca me aventurar em sutilezas teológicas. Quem tem um fundamento não precisa de muitos fundamentos para justificar a sua vida. Está porque está; é porque é.

Mais tarde foram irmãos mais velhos que me influenciaram na minha juventude no mosteiro. Quando eles morreram percebi o quanto me faziam falta. Descobri, com isso, que eu agora tinha que seguir as suas pegadas. Embora eu também, a essa altura da vida, ainda tenha a necessidade de me apoiar em homens velhos e sábios, sinto também o desafio de me manter de pé e de me tornar uma rocha para os outros. Entretanto, não posso sempre me oferecer como rocha, mas é um milagre da graça quando torno-me uma rocha para os outros em determinadas situações. Aqui também vale o que abordei anteriormente: não posso me identificar com a imagem arquetípica da rocha. Caso contrário, eu me insuflo e me transformo em uma rocha sem firmeza, que só aparentemente fornece um suporte. Somente quando eu, como Pedro, enfrento as minhas próprias fraquezas e o meu lado sombrio, mantendo-me humildemente diante de Deus, posso, se Ele assim o permitir, converter-me em uma rocha que também forneça firmeza aos outros.

Na proximidade de uma rocha podemos experimentar proteção. Em um temporal na montanha as pessoas dirigem-se para perto de uma rocha para se protegerem da chuva, da tempestade e do desabamento de pedras. Ou, então, a rocha oferece uma sombra quando o sol está castigando. Isso também é uma imagem arquetípica para nós. Cada um pode se tornar para o outro uma rocha, em cuja proximidade pode relaxar para se tranquilizar, para experimentar proteção e abrigo. A pessoa não pode fazer-se rocha. Após a experiência de sua traição, Pedro certamente não teve mais a necessidade de bravatear diante dos demais apóstolos e de se referir como sendo a rocha. Ele pôde gratamente vivenciar que exatamente ele, que tão covardemente traiu Jesus, pôde, ainda assim, converter-se em uma rocha na qual outros encontravam uma posição firme, na qual eles poderiam se apoiar e em cuja proteção eles se sentiam resguardados por Deus, a verdadeira rocha.

Como aprendo, a partir da figura de Pedro, a me tornar homem? Para mim, o que é importante no encontro com Pedro é o fato de que eu não preciso ser perfeito. Não se trata de infalibilidade, mas da disposição para, no caminho para o qual Deus me julgou capaz, envolver-me com a minha paixão, mas também com a minha covardia e o meu medo. Os evangelhos não me apresentam um Pedro entediante, mas um Pedro impulsivo, que imediatamente dispara quando perguntado e quando vê que o seu engajamento está sendo solicitado. Ele prefere queimar os dedos a tatear cuidadosamente ou a refletir sobre como escapar o mais ileso possível das situações. Pedro mostra o seu coração, os seus sentimentos, mesmo que eles não correspondam à visão de Jesus. Ele aprende na resistência. Através de todos os altos e baixos da sua vida, eu percebo um homem que não se esconde, um homem cujo coração reflete tudo o que ele faz. Esse coração conhece todos os abismos que eu também percebo em mim: saudade, amor, mas também covardia, medo, desconfiança, traição. Eu não me torno homem me escondendo, mas me apresentando como sou, ainda que corra o risco de ser criticado, assim como o risco de cometer publicamente um erro contra o qual todos os moralistas possam se revoltar. Pedro corre o risco de ser ferido. Porém, luta por aquilo que sente. E, para mim, isto é um aspecto essencial no processo de se tornar homem: mostrar-se, ao invés de esconder-se; queimar os dedos, ao invés de retirar a mão; abrir o coração, ao invés de fechá-lo com a intenção de sair ileso. O homem que evita a vida torna-se uma caricatura da verdadeira masculinidade. Pode ser que ele permaneça tranquilo e bem-sucedido. Porém, jamais se tornará um homem.

15

PAULO
O missionário

De nenhum apóstolo Lucas nos pinta imagem mais clara do que de Paulo. E, dos escritos de Paulo, reconhecemos não somente a sua teologia, mas também a sua personalidade: cresceu em Tarso, uma cidade de cultura grega e um aglomerado de diversas religiões; foi formado em cultura helênica e em retórica; sabia grego, hebraico e latim. Ainda jovem, foi morar em Jerusalém com Gamaliel, um fariseu de orientação moderada. Era provavelmente uma espécie de internato, no qual Paulo foi instruído na doutrina farisaica. Ele era um fanático pela lei. A respeito de si mesmo, diz: "E no zelo pelo judaísmo superava muitos dos companheiros de idade da minha nação, mostrando-me extremamente zeloso das tradições paternas" (Gl 1,14). Analisando-se sob a perspectiva da psicologia, pode-se afirmar que Paulo tinha uma estrutura rigorosa; precisava de normas claras às quais pudesse se aferrar. Talvez esses princípios rígidos fossem importantes para ele, que cresceu em uma sociedade multicultural, para não afundar na arbitrariedade. Porém, o jovem Saulo encontra o novo caminho, aquele que foi propagado pelos cristãos, sobretudo por Estêvão, que aparece como representante da cultura judaico-cristã helênica. Estêvão pregava a liberdade da lei; era fascinado pela liberdade que encontrou em Jesus. Paulo perseguiu tal orientação até as últimas consequências. Evidentemente, algo desse ensinamento tocava o seu coração. Do contrário, ele não teria perseguido a Igreja primitiva tão desmedidamente. Porém, um acontecimento vira sua vida completamente ao avesso.

Lucas nos conta três vezes a história da conversão de Paulo. Uma vez ele descreve o acontecimento diante de Damasco, e duas vezes deixa o próprio Paulo contar sobre a sua própria conversão; primeiramente em um discurso para os seus companheiros de fé judeus (At 22,1-21), e depois em um discurso diante do Rei Agripa e do Governador Festo (At 26). Lucas descreve como Saulo é cercado pelo resplendor de uma luz clara: "Caiu por terra e ouviu uma voz que lhe dizia: 'Saulo, Saulo, por que me persegues?'" (At 9,4). Quando Saulo pergunta quem é aquele que lhe fala, Jesus lhe responde: "Eu sou Jesus, a quem persegues" (At 9,5). Saulo se levanta "e, embora tivesse os olhos abertos, não enxergava nada" (At 9,8). Ele tinha ficado cego; o edifício de vida de Saulo tinha desmoronado completamente. Ele cai ao chão, e a sua visão de Deus, de si mesmo e de sua vida se escurece. Um padre interpretou da seguinte forma essa experiência: "Quando Paulo não viu nada, então ele viu Deus". Quando todas as imagens de Deus lhe foram tomadas, ele se abriu para ver o verdadeiro Deus. Na escuridão manifesta-se para ele o Deus Jesus Cristo. Paulo torna-se agora o maior apóstolo da Igreja primitiva. Aquilo que ele antes perseguia, passa a anunciar com paixão. Ele se torna o apóstolo da liberdade. Reconheceu que ele mesmo não pode se fazer justo, que o cumprimento de mandamentos não o traz para perto de Deus. O mistério divino é, para ele, captado em Jesus Cristo, que nos abre os olhos para a verdadeira realidade, para a luz de Deus, que apareceu para nós em Cristo. Porém, Paulo continua o mesmo após a sua conversão. Seu temperamento apaixonado, seu lado agressivo e agarrado às suas próprias opiniões, sua estrutura rigorosa também moldam o convertido. Mas ele passa a se relacionar de um modo diferente com a sua paixão; já não a utiliza para estrangular a vida, mas para obtê-la. Do mesmo modo como ele antes lutava apaixonadamente contra os cristãos, agora luta contra todos os que deturpam o Evangelho. A respeito dos seus opositores ele escreve, cheio de agressividade, aos gálatas: "Que se castrem de vez os que vos perturbam!" (Gl 5,12).

Paulo escrevia de forma muito convincente, bastante forte e apaixonada, mas também clara e com sugestivo caráter de forte impressão. Porém, na aparência ele era fraco. O seu nome, Paulo, significa "o pequeno". Era uma pessoa de estatura baixa, talvez também um tanto curvado. Além disso, tinha uma doença estranha. De acordo com Heinrich Schlier, Paulo era epiléptico. Ele escreve aos gálatas sobre a sua doença: "Sabeis que eu estava doente quando vos anunciei o Evangelho pela primeira vez. Fui para vós uma provação, por causa de meu estado físico. Mas nem por isso me desprezastes ou rejeitastes, antes me acolhestes como um enviado de Deus, como Cristo Jesus" (Gl 4,13-14).

Ao pé da letra, isso significa: Vocês não *cuspiram* diante de mim. Cuspir era um gesto defensivo contra doenças mentais, contra a loucura e contra a epilepsia. Para Paulo, era claramente embaraçoso padecer dessa doença. Talvez ela tenha se iniciado com o apedrejamento que ele sofreu, ou em virtude das muitas pancadas que recebeu no *trabalho de anunciador*. Seja qual for a interpretação de sua enfermidade, ele não era externamente seguro de si, que estava acima de tudo, mas um homem que sofria consigo mesmo. Ele pedia a Deus que o libertasse do espinho da doença. Paulo refere-se a sua enfermidade como bofetadas de um mensageiro de satanás. "Por este motivo, supliquei três vezes ao Senhor que o afastasse de mim. Mas ele me respondeu: 'Basta-te a minha graça, porque é na fraqueza que a força chega à perfeição'. Portanto, prefiro orgulhar-me das minhas fraquezas para que habite em mim a força de Cristo" (2Cor 12,8-9).

O que se revelou a Paulo no encontro com Jesus foi o conhecimento de que já fomos justificados por Ele e, portanto, não precisamos nos corrigir por meio da obediência aos vários mandamentos. Já somos justos; já somos incondicionalmente aceitos e amados; não precisamos mais nos afirmar. Para Paulo, a cruz de Jesus constituiu um corte em sua escala religiosa e em seu caminho espiritual, querendo dizer que antes ele acreditava que precisaria comprar o amor de Deus por meio de uma obediência exata e penosa dos mandamentos. Na crucificação de Jesus, Paulo sentiu a liberdade que Ele lhe trouxe, a liberdade em relação a todo esforço obstinado por uma vida correta, a liberdade em relação a toda busca exterior de reconhecimento e amor. A cruz é a experiência de amor incondicional; somos aceitos por Deus da forma como somos. Isso foi o que Paulo identificou na crucificação de Jesus, e por isso ele luta tão apaixonadamente por esse conhecimento, haja vista que Ele modificou a sua vida; Ele o libertou de sua obsessão, de seu medo de não ser bom o suficiente.

Entretanto, Paulo não foi somente o teólogo entre os apóstolos que anunciou a mensagem de Jesus na língua da cultura helenística daquele tempo, de forma que ela se tornasse compreensível e atraente para outros círculos do Império Romano; ele também é o místico que experimentou Jesus em si mesmo. "Na realidade, pela lei morri para a lei a fim de viver para Deus. Estou crucificado com Cristo. Já não sou eu que vivo, é Cristo que vive em mim. Minha vida presente na carne eu a vivo pela fé no Filho de Deus, que me amou e se entregou por mim" (Gl 2,19-20). A cruz eliminou a sua concepção particular, cunhada por uma constante tentativa de fazer tudo certo diante de Deus. Isso tudo já não é importante; o decisivo é que Jesus Cristo o ama incondicionalmente. Na cruz, essa aceitação incondicional tornou-se evidente; a questão é que esse Jesus esteja vivo dentro dele. Paulo encontrou no Mestre uma nova identidade; ele não mais se define segundo as pessoas, o seu reconhecimento e atenção, mas por Jesus. Sim, esse Jesus está nele; tornou-se o seu verdadeiro ser. O apóstolo vivencia Jesus como o seu centro interior; ele se tornou um com Jesus.

Esse caminho para dentro de si, em meio a toda luta exterior, é uma figura maravilhosa para o processo do homem de se constituir em si mesmo. Paulo não é um místico que se retira do mundo; ao contrário, ele adentra esse mundo. Paulo vagueia pelo mundo inteiro. Os exegetas calculam que ele percorreu a pé e de navio cerca de 16.000 quilômetros. Ele se mostrou publicamente; ele lutou e buscou o conflito. Por diversas vezes foi preso e expulso; não teve uma vida tranquila. Ele próprio descreve os seus perigos interiores e exteriores: "Falando como louco, eu sou mais ainda. Muito mais pelos trabalhos, muito mais pelas prisões, pelos açoites sem conta. Muitas vezes vi a morte de perto. Cinco vezes recebi dos judeus os quarenta açoites menos um. Três vezes fui flagelado com varas. Uma vez, apedrejado. Três vezes naufraguei, uma noite e um dia passei no alto-mar. Viagens sem conta, exposto a perigos nos rios, perigos de assaltantes, perigos da parte de concidadãos, perigos da parte dos pagãos, perigos na cidade, perigos nos lugares desabitados, perigos no mar, perigos entre falsos irmãos!" (2Cor 11,23-26). Paulo uniu luta e contemplação, mística e política. Enfrentou virilmente os perigos que encontrou em seu esforço pela nova Igreja. Entrou destemidamente em situações que poderiam resultar em morte. Porém, em todas as suas ações, ele estava no seu centro, estava sempre em contato com o "Cristo em si". Esse Cristo era a verdadeira força propulsora de sua vida. Ele estava em seu coração. A partir desse centro, ele se direcionava ao exterior; a partir dessa fonte é que ele criou.

Paulo é o típico missionário que viaja todo o mundo daquele tempo impulsionado por um grande sentido de missão e se submete, assim, a muitos perigos. Os missionários são pessoas que se sentem enviadas. Com frequência, desenvolvem um grande poder de persuasão para convencerem os outros da mensagem que cunha a sua vida; não temem perigo algum para cumprir a sua missão. Às vezes parecem ter uma fonte de energia quase inesgotável dentro de si. Quando alguém fala comigo a respeito de um sentido de missão, com frequência sinto-me incomodado. Certas pessoas que conheço acham que devem converter o mundo inteiro. Porém, quando as analiso detidamente tenho a impressão de que nada são sem o seu ímpeto missionário; não se acalmam em si mesmas. Muitas vezes chegam a me irritar. Tenho a impressão de que passam por cima de sua própria insegurança e dúvidas relacionadas a sua crença, tentando converter os outros a sua fé. Por trás desse "fervor missionário" pode se esconder o medo de que sua própria fé possa ser uma miragem. Para escapar desse medo elas precisam convencer-se de seu próprio caminho, "missionando" todos aqueles que encontram. O "missionário típico" impõe a veracidade de sua opinião. Perde seu tempo dizendo à outra pessoa sobre em que deveria acreditar e a que movimento deveria se filiar, qual método de meditação deveria praticar e como precisaria se alimentar; caso contrário, tudo correria mal. Tais missionários muitas vezes causam sentimento de consciência pesada quando as pessoas se fecham a sua mensagem. Não é nada fácil distanciar-se deles e confiar nos próprios sentimentos.

Porém, com todo o perigo desse arquétipo, o missionário faz essencialmente parte de nós e, mais especificamente, também dos homens. Estes precisam de uma missão para a sua vida. Eles não existem somente para se sentirem bem e para observarem constantemente os seus sentimentos, independentemente de serem tão coerentes ou vigilantes consigo mesmos. Alguns caminhos espirituais propagados atualmente também trazem um componente narcisista; orbitam em torno de si mesmos. O missionário quer nos mostrar: há uma missão em sua vida; você não deve pressionar as outras pessoas com sua mensagem; sua missão não consiste apenas de palavras, a respeito das quais você deve convencer os outros. Mas consiste em que você deixe sua marca impessoal neste mundo; que se torne consciente de que tem uma radiação que só vem de você. Quando viver sua missão, então sua vida se tornará fecunda; sentir-se-á vivo, pois a vida flui em você. A vida só permanece vibrante quando ela flui. A missão pertence essencialmente a você, e os homens têm grande sensibilidade para isso. Com frequência são impulsionados por um sentido de missão. Quando se "veem no espelho" do grande missionário Paulo, tornam-se livres dos perigos do arquétipo do missionário e abertos para a missão à qual Deus os destinou, por meio da qual a sua vida pode se tornar fecunda e se converter em fonte de bênção para os outros.

Tornar-se homem, na figura de São Paulo, significa, para mim, em primeiro lugar, entrar em contato com a minha própria missão. O que me fascina em Paulo é que externamente ele não é o homem típico. Ele era pequeno, corcunda, doente. Ele não corresponde à figura masculina do homem com um belo corpo; não causa impressão alguma em sua exterioridade. Porém, havia nele uma rara força e tenacidade. É possível que, hoje, alguns psicólogos atestassem nele padrões estruturais neuróticos, como sensibilidade e rigor exagerados. Mas Paulo não deixou que isso o impedisse de cumprir sua tarefa. Ele sofria consigo mesmo, mas não se derramou em autopiedade; aceitou-se como era. Ele não preenchia qualquer tipo de idealização, nem o do "gerente típico" nem o do "missionário típico". Com todos os seus lados externamente pouco atraentes, ele cumpriu a sua missão pessoal da forma como era; ele se expôs. Mostrou-se como realmente era, inclusive com a sua doença e os defeitos psíquicos. E, exatamente assim, aproveitou o máximo de si. Fez mais do que todos os outros apóstolos, dos quais a maioria lhe era superior em termos e compleição masculina.

Paulo transformou sua debilidade física em força espiritual. Dele emanam uma paixão e uma força que dificilmente alguém poderia negar. Foi assim naquele tempo, e assim ainda é quase dois mil anos depois. As opiniões se dividem sobre o apóstolo. Alguns são fascinados por ele; outros se irritam com a sua pessoa. Paulo fez a sua própria história tornar-se fecunda para os outros. Ele se converteu; tomou a direção contrária quando percebeu que tinha se deixado levar por seu fanatismo; fez desmoronar todo o seu edifício de vida para começar novamente do zero. Mas também acreditou na força que Deus lhe deu. Tinha uma enorme tenacidade; quase morto por ter apanhado, levantou-se novamente e continuou seguindo o seu caminho. Nem pela prisão, nem por pedras ou pancadas deixou que o impedissem de seguir o seu caminho de anunciador do Evangelho. Assim, esse homem, que foi ridicularizado por muitos sábios, pode lançar um olhar retrospectivo sobre o seu êxito, o qual todos os sábios não são capazes de registrar. Ele se engajou com todo o seu ser no chamado que sentiu em si.

Para mim, isto significa tornar-se homem: não é concretizar um ideal de masculinidade, mas, exatamente como se é, com tudo o que foi dado por Deus, encarar o chamado que se escuta dentro de si; ir até o limite para descobrir a força que se esconde em seu interior. Percebo homens que têm medo de estar agindo muito voltados para fora. Por mero distanciamento de si, eles não se colocam em marcha; não descobrem quanta força se esconde dentro deles. Paulo me mostra um outro caminho: quando vou até o limite, Deus mantém a mão sobre mim. Ele é a fonte da qual posso criar. Eu não posso pensar pequeno a respeito de Deus. Assim também não penso pequeno a meu respeito. Eu conheço as minhas fraquezas e os meus limites. Paulo experimentou isso em si mesmo muito dolorosamente. Mas eu não fico dando voltas em torno das minhas fraquezas; vou com Deus até o limite onde Ele me levar, e que fica muito mais longe do que muitos imaginam.

Paulo também oferece aos homens uma possibilidade de identificação que não corresponde ao ideal de masculinidade de hoje. Não se trata de ser fisicamente saudável e vigoroso. Homens externamente pouco vistosos às vezes desenvolvem mais energia que os saudáveis. Isso já ficou provado por vários cientistas que não se deixaram impedir de perseguir seus objetivos.

Paulo era solteiro. Conheço muitos solteiros que se arranjam bem com o fato de estarem sós. Mas também conheço solteiros que sofrem com a sua solidão. Na verdade, muitos deles anseiam por uma mulher, mas não se atrevem a se aproximar de alguma por temerem parecer falhos diante dela. Eles ainda não se reconciliaram com o próprio corpo. Por não gostarem dele, não acreditam que uma mulher os amaria. Assim, recolhem-se em si mesmos. Paulo era sociável; ele se aproximava das pessoas. Viveu como solteiro nos polos da luta e do amor. Lutou pela liberdade que Cristo nos trouxe; amou a sua comunidade e amou a Cristo. Quando fala sobre a sua relação com Cristo, a linguagem empregada ganha tons eróticos. Pode-se sentir que Paulo não era um meio-homem, mas da forma como era lutou por pessoas pelas quais se sentia enviado como missionário. Por tê-las amado, por ter querido anunciar-lhes a mensagem que as conduziria à vida e à verdadeira liberdade, ele se empenhou por elas com toda a paixão, e, em sua luta, alcançou mais do que homens que externamente apresentavam melhores condições.

16

João Batista
O homem selvagem

João Batista corresponde ao arquétipo do homem selvagem. Só a sua apresentação já causava pavor em alguns. Marcos o descreve da seguinte maneira: "João usava roupas feitas de pelos de camelo, um cinto de couro na cintura e comia gafanhotos e mel silvestre" (Mc 1,6). Ele deixou para trás toda a cultura e viveu como os beduínos do deserto. O cinto de couro lembra o Profeta Elias, que se vestia de modo similar. João vive no deserto, não somente com animais selvagens, mas usando uma veste de pelos de camelo. Em alguns manuscritos é dito até que a sua veste era de pele de camelo, o que feriria as leis de pureza judaicas. Mas João abandonou o círculo daqueles que se atinham às leis externas, que representavam a cultura do país. A pele de camelo demonstra que ele integrou o animalesco em si, a vitalidade, a sexualidade, a força motriz dos animais. João é o homem selvagem e, enquanto tal, tem acesso a tudo o que há de selvagem em si e em torno de si. O selvagem serve a ele como fonte de energia para anunciar a sua mensagem de Deus aos homens e para exortar as pessoas a mudarem de direção.

Sua pregação se ajusta à sua apresentação. Ela é ríspida, sem consideração à sensibilidade dos ouvintes. Assim, ele atinge os fariseus, altamente respeitados em meio à população: "Raça de víboras, quem vos ensinou a fugir da ira que vem? Produzi, pois, frutos de verdadeira conversão e não vos façais ilusões, dizendo a vós mesmos: Temos Abraão por pai" (Mt 3,7-9). João não precisa se fazer amado por ninguém. Ele diz aquilo que sente em si. Apresenta-se sem se fazer dependente das pessoas; sabe que está a serviço de Deus; é interiormente livre. Sua liberdade leva-o a atacar inclusive o Rei Herodes e a censurá-lo por ter desposado Herodíades, esposa de seu irmão Filipe. Herodes ordena que o prendam; Herodíades prefere que ele seja morto. Porém, "Herodes respeitava João, sabendo tratar-se de homem justo e santo, e o protegia. Quando ouvia João, sentia-se embaraçado, mesmo assim gostava de ouvi-lo" (Mc 6,20). O rei poderoso tem medo do homem selvagem, mas, ao mesmo tempo, sente-se atraído por ele. Percebe que há nesse homem uma força e uma liberdade interiores que faltam nele. E sabe que João é um homem justo e santo; é correto, reto, não tem medo das pessoas. Não se curva. E é santo, o que significa que ele é indisponível, retirado do círculo das demais pessoas; não se pode dominá-lo, pois ele tem em si uma força, uma força santa. Herodes tem prazer em falar com João e, ao mesmo tempo, fica perturbado e perplexo, pois sente nele algo de verdadeiro e autêntico. Tem a intuição de que lhe faria bem ter contato com esse homem selvagem. Porém, ao mesmo tempo, tem medo de mudar a sua vida, descer de seu pedestal e se colocar diante de sua própria verdade. Mas o homem selvagem não se deixa intimidar. Ele obriga cada um a se ocupar do próprio coração, a reconhecer o selvagem e indomável que está lá dentro, mas também a força e a clareza.

No Evangelho de Mateus Jesus fala sobre João, que mandou mensageiros para lhe perguntar se ele realmente era aquele que os santos de Israel esperavam: "O que fostes ver no deserto? Um caniço agitado pelo vento? Mas, então, o que fostes ver? Um homem bem-vestido? Ora, aqueles que se vestem bem estão nos palácios dos reis. Então, o que fostes ver? Um profeta? Sim, eu vos digo, e mais do que um profeta. Este é de quem está escrito: *Eis que eu envio o meu mensageiro à tua frente; ele preparará o teu caminho diante de ti.* Eu vos garanto que dentre os nascidos de mulher ninguém é maior do que João Batista. Mas o menor no Reino dos Céus é maior do que ele" (Mt 11,7-11). Jesus delineia aqui uma boa característica de João. Ele não balança como um caniço; ao contrário, mantém-se firme. Ele não se orienta pela opinião dos homens. Não é um catavento, que vira segundo a disposição deste. Não é pela roupa que ele aparece. Aqui, Jesus com certeza se refere a Herodes, que dava muito valor a se apresentar com roupas luxuosas. Herodes é o oposto do homem selvagem. Por um lado, ele vive em meio a um grandioso luxo e é afeminado. Ao mesmo tempo, ele é bastante cruel; manda matar perversamente todos os seus opositores. E esse homem aparentemente tão poderoso é, na verdade, dependente de mulheres, como demonstra a passagem na qual ele promete dar metade do seu reino a Salomé. Deixando-se levar por ela e sua mãe, ordena a morte de João Batista e pretere, assim, a voz do seu próprio coração. João é claro e inequívoco, externamente selvagem e cheio de força, mas, ao mesmo tempo, com um coração manso e bom. Ele não fere as pessoas; ao contrário, ergue-as. João não tem medo de ninguém; diz o que pensa.

João não necessita dar valor ao externo, pois ele é coerente em si. Não necessita de máscara; ele é como é. Jesus descreve, então, a tarefa de João: ele deve preparar o meu caminho. Essa é a tarefa histórica em relação a Jesus. É também uma tarefa psicológica sempre válida. O homem selvagem nos abre o caminho para o verdadeiro eu. Ele nos liberta de todos os papéis e máscaras com os quais disfarçamos o nosso verdadeiro eu. Quebra a fachada que construímos com o intuito de nos apresentarmos bem exteriormente. Ele destrói toda a aparência, para que encontremos um caminho interior para a nossa autêntica essência, para o nosso eu, para "Cristo em nós".

João personifica o homem selvagem, a respeito do qual Richard Rohr sempre fala em seus discursos para os homens e que Robert Bly descreveu em sua interpretação do conto de fadas João de Ferro, que não vive no deserto, mas em um pântano. Ele devora todos os que ousam chegar à margem do pântano. Porém, nesse João de Ferro aparentemente destrutivo há uma poderosa força que serve à vida. O João de Ferro faz o jovem romper a esfera de influência da mãe e se aventurar em sua própria vida. O jovem vai para a floresta com o João de Ferro. Chega a um castelo e se ocupa primeiramente como aprendiz de cozinheiro e depois como jardineiro. Quando o rei vai à guerra, o jovem pede a ajuda de João de Ferro, que lhe dá um cavalo selvagem e um grupo de cavaleiros vestidos de armaduras de ferro, os quais derrotam os inimigos. O jovem é introduzido por João de Ferro no mundo masculino. Primeiramente ele se torna guerreiro; depois, amante. Isso se torna claro no jogo organizado pela filha do rei. Quem pegar a sua maçã dourada casará com ela. O jovem pega-a e se casa com a filha do rei. Seus pais vão à festa de casamento. Em meio à comemoração aparece João de Ferro, mas agora ele é um rico rei. Uma vez que o jovem cumpriu a sua tarefa de se tornar homem, João de Ferro é resgatado de seu estado selvagem.

Para Robert Bly, o conto de fadas descreve a iniciação no processo de tornar-se homem. Essa iniciação normalmente passa por cinco estágios: 1) Separação da mãe. 2) A ligação ao pai e finalmente a separação dele. 3) Um mentor que proporciona ao jovem o acesso à sua própria grandeza e às suas habilidades. 4) Tempo de aprendizado, no qual o jovem bebe da fonte de energia de uma figura arquetípica. 5) Casamento com a princesa. O homem selvagem liberta o jovem da mãe e do pai. Mostra-lhe o caminho para as suas próprias possibilidades. É uma fonte de energia da qual ele pode beber. E o introduz na arte do verdadeiro amor e na união com a mulher, a *anima*. Somente quando o homem selvagem não se mantém escondido em sua agressividade, mas, ao contrário, torna-se capaz de amar, ele realmente se transforma em um homem. O homem selvagem não está no final do processo de se tornar homem. Ele é uma passagem importante, um mentor, que introduz o jovem na arte de tornar-se homem. É um arquétipo que o homem não pode transpor, caso realmente queira se tornar homem; o homem selvagem introduz o jovem na arte de viver e na arte de amar. Ao final do conto de fadas ele não aparece mais em seu estado selvagem, mas como um belo rei que participa do casamento do jovem filho do rei.

O homem pode aprender com João Batista a se permitir em si mesmo o selvagem e o tosco, o não conformado e o indesejado pelos poderosos. João tem uma intuição para o essencial. Ele luta por aquilo, seja oportuno ou inoportuno. Confia mais em sua voz interior do que nas vozes exteriores que querem prevalecer sobre ele e forçá-lo dentro da armadura do decoro. Ele enfrenta os perigos. Personifica um aspecto essencial da espiritualidade masculina, pois dele emana força. A energia masculina de João Batista poderia ajudar os homens a encontrar a sua própria identidade. João fala aos homens; toca em uma corda da sua alma, a corda selvagem e potente; mas também toca o anseio por liberdade, o anseio de finalmente romper com as expectativas a sua volta e fazer aquilo a que a alma o impulsiona. Porém, João continua sendo o antecessor, que anuncia a vinda do Messias. Para além de si, João aponta para o homem integral, para o ungido, aquele que satisfaz o anseio pelo homem inteiro.

17
JOÃO
O amigo e o velho sábio

Os evangelhos sinóticos nos descrevem João como o irmão de Tiago e filho de Zebedeu. Ambos, João e Tiago, são chamados de "filhos do trovão". Claramente, eles podem se apresentar de forma muito agressiva, além de não serem modestos quando se trata dos primeiros lugares no Reino de Deus: "Que nos sentemos um a tua direita, outro a tua esquerda na tua glória" (Mc 10,37). Os outros discípulos irritam-se com ambos, os quais reivindicam para si os primeiros lugares. Jesus coloca diante deles a pergunta: "'Não sabeis o que pedis! Podeis, acaso, beber o cálice que eu vou beber ou ser batizados com o batismo com que eu vou ser batizado?' 'Podemos', disseram eles'" (Mc 10,38-39). Portanto, eles são seguros de si; ousam passar pelo mesmo caminho de sofrimento de Jesus e não se intimidar diante da morte.

O Evangelho de João, que, de acordo com a tradição da Igreja Antiga, é atribuído a João, filho de Zebedeu, fala-nos do *discípulo que Jesus amava*. Ele não menciona o nome desse discípulo amado de Jesus, mas a Tradição o identifica como João. Embora se trate de um tema controverso, assumo aqui, em consonância com a Tradição, que João é o discípulo amado. Pelo menos, esse discípulo amado é certamente o confidente ao qual se refere o Evangelho de João. Assim, pode-se concluir a partir do Evangelho e das cartas de João, como esse discípulo pensava e sentia. Ele não é somente o discípulo que Jesus amava, como também sempre escreve sobre o amor.

Os exegetas creem que o discípulo amado seria um dos dois discípulos que Jesus chamou primeiramente. João Batista chama-lhes a atenção sobre Jesus. Este perguntou aos dois: "'A quem procurais?' Responderam-lhe: 'Rabi – que quer dizer Mestre –, onde moras?' Ele disse: 'Vinde e vede'. Eles foram, viram onde morava e ficaram com Ele naquele dia. Eram quase quatro horas da tarde" (Jo 1,38-39). Todas as palavras dessa história do chamado são misteriosas. Não se trata, para os dois discípulos, da morada externa de Jesus, mas sim de sua verdadeira morada, que é o Pai. As perguntas: De onde vens? Onde moras? Onde estás? Quem és?... são centrais no Evangelho de João. Sem responder a tais perguntas ninguém alcança o seu verdadeiro eu. Jesus desafia os discípulos: "Vinde e vede!" Ele quer ensinar o verdadeiro ver, a essência da coisa. Para isso, eles precisam abandonar tudo o que antes os prendia. Precisam abandonar a si mesmos para ir a ele. Ao verem onde Jesus mora, de onde Ele vem, eles não estão olhando somente para a essência de Jesus, mas para o mistério do homem e o mistério de Deus. Ao olharem para Jesus eles veem a sua essência, que

Ele vem de Deus e tem Deus como lar. E eles identificam em Jesus quem eles mesmos são, que eles também têm uma origem divina. Os discípulos ficam com Ele. É cerca da décima hora. Dez é o número da completude. Ao permanecerem com Jesus, eles chegam a si mesmos; a multiplicidade que há neles é unida, e eles entram em sintonia com a sua verdadeira essência. O discípulo amado é descrito em todo o Evangelho como aquele que "vê", que olha mais fundo, que reconhece o mistério de Jesus.

O discípulo amado desempenha um papel importante na paixão e na ressurreição de Jesus. Na última ceia, diz-se sobre ele: "Um deles, a quem Jesus amava, estava à mesa ao lado de Jesus" (Jo 13,23). Jesus tinha falado que um deles o trairia, o que deixa o seu discípulo desorientado. Por isso, Pedro faz sinal para o discípulo amado "para que perguntasse de quem estava falando. Inclinando-se sobre o peito de Jesus, o discípulo perguntou: 'Senhor, quem é?'" (Jo 13,24-25). Essa passagem inspirou muitos artistas da Idade Média à chamada *Johannes-minne*[4]. João é representado repousando sobre o peito de Jesus ou deitando a cabeça em seu colo. É uma ilustração do íntimo amor entre os dois, uma ilustração da amizade íntima entre dois homens. Um se tranquiliza sobre o outro. Muitas vezes Jesus colocava a mão afetuosamente sobre a cabeça de João. Para os homens, é sempre difícil expressar os seus sentimentos. A figura da *Johannesminne* encorajou muitos a dar expressão aos seus sentimentos de amizade e a assumi-los. Na Idade Média a *Johannesminne* era um tema místico. Hoje, essas imagens podem dar coragem aos homens para aceitarem gratamente o seu amor por

---

4. *Johannesminne* (amor de João) é um motivo da iconografia cristã, conhecido desde o período gótico, no qual o Apóstolo João recosta a cabeça sobre o peito de Jesus [N.T.].

outro homem e a vivenciarem tal amor como um lugar tocado pelo amor de Deus.

Sob a cruz João fica ao lado de Maria, a mãe de Jesus. "Vendo a mãe e, perto dela o discípulo a quem amava, Jesus disse para a mãe: 'Mulher, aí está o teu filho'. Depois disse para o discípulo: 'Aí está a tua mãe'. E desde aquela hora o discípulo tomou-a sob seus cuidados" (Jo 19,26-27). Os exegetas desenvolveram as mais diversas interpretações para essa passagem. A maioria concorda que se trata de uma passagem simbólica. Pois o Evangelho de João descreve, no início da obra de Jesus, o casamento em Caná. A transformação de Deus em homem, por meio de Jesus, significa que Deus celebra um casamento com a humanidade e que, assim, a nossa vida se transforma. A nossa água, que se tornou insípida, é transformada em vinho e ganha um novo sabor. A cruz é, para João, a consumação da aliança. A palavra grega *telos*, a qual João sempre utiliza na descrição da cruz, significa não somente "consumação, meta, cumprimento", mas também "casamento". Sob a cruz, a aliança entre Deus e o homem é consumada, pois Jesus preencheu com a vida e o amor de Deus e, portanto, uniu a Deus, tudo o que é humano, até a morte. E, sob a cruz, o homem também celebra o casamento com tudo aquilo que ele tinha separado em si. Homem e mulher, *animus* e *anima*, tornam-se um sob a cruz. O homem torna-se completo, consumado, realizado; celebra casamento com a sua *anima*. João recebe Maria em si próprio (*eis ta idia*). Ela se torna, para ele, ele próprio; torna-se um com ele. No Evangelho de João, as passagens envolvendo mulheres são sempre cenas de amor. Maria é a fonte de amor. João deve receber nela o amor em sua casa, no mais profundo de seu coração. O homem só se torna capaz de amar verdadeiramente quando entra em contato com a *anima*, a fonte de sua capacidade de amar.

O discípulo amado também desempenha um papel importante na ressurreição de Jesus. É quando acontece a "corrida" entre Pedro e João. Maria Madalena tinha anunciado aos discípulos que teriam tirado o Senhor do sepulcro. O discípulo amado é mais rápido que Pedro, mas, no sepulcro, ele deixa que este entre em sua frente. Enquanto Pedro apenas vê o fato, sem o compreender, de João se diz: "O outro discípulo que chegou primeiro entrou também, viu e creu" (Jo 20,8). Crer aqui significa: ver de verdade, ver profundamente, ver o mistério. O encontro de Maria Madalena com o Ressuscitado é uma história de amor. Conscientemente João a descreveu sob o pano de fundo do Cântico dos Cânticos. Nessa história de amor o discípulo amado desempenha um papel relevante. Ele vê e crê. Compreende o que a ressurreição significa: a vitória do amor sobre a morte.

Também no capítulo posterior João desempenha um papel importante. Ele está com os sete discípulos que, motivados por Pedro, passam a noite inteira pescando. Quando eles, a mando do homem que está à margem do lago, jogam mais uma vez a rede e quase não conseguem puxá-la de volta, já que ela está bastante cheia, é novamente o discípulo amado que vê e crê: "O discípulo a quem Jesus amava disse então a Pedro: 'É o Senhor'" (Jo 21,7). João reconhece a situação. Ele, que é cheio de amor, reconhece aquele que é o Amor: Jesus, o Ressuscitado. A última passagem do Evangelho também fala sobre Pedro e o discípulo amado. Pedro pergunta a Jesus sobre o caminho e o destino do discípulo amado. Jesus lhe responde: "O que te importa se eu quero que ele fique até que eu venha? Segue-me tu" (Jo 21,22). Comumente, a passagem é traduzida assim: "Que ele fique até que eu venha". Porém, na verdade, *heos erchomai* significa corretamente: "enquanto eu vier". Com esta frase Jesus quer descrever o que sucederá com o discípulo amado. Ele é quem simplesmente ficará enquanto Cristo estiver vindo para ele misticamente. O discípulo amado seguirá Jesus de modo diferente de Pedro, que mudará o mundo por meio de suas ações. João é aquele que a cada momento está aberto para o Cristo, que virá para Ele, para morar com Ele. O discípulo que Jesus ama e que também é cheio de amor não precisa fazer muito externamente. Ele muda o mundo como místico, como alguém que deixa Deus entrar em seu coração e dá espaço ao amor em si. Ele, que se acalmou no peito de Jesus, agora, mesmo após a sua morte, vive como alguém que mantém o seu coração aberto para Ele, de forma que a cada momento entre e encontre morada. Ele vive em união com aquele que ama. Isso dá a sua existência um sabor próprio, o sabor do amor e do afeto, da atenção e do cuidado.

Com João, o discípulo amado, os homens aprendem o mistério da amizade, um dos bens mais preciosos que os homens podem experimentar no caminho para se tornar homem. Desde sempre os homens cantaram louvores à amizade. O Evangelho de João é um dos testemunhos mais belos do mistério da amizade. Na despedida, Jesus fala a seus discípulos: "Ninguém tem maior amor do que aquele que dá a vida por seus amigos. Vós sois meus amigos se fizerdes o que vos mando. Já não vos chamo escravos, porque o escravo não sabe o que faz o seu senhor. Eu vos chamo amigos porque vos dei a conhecer tudo o que ouvi de meu Pai" (Jo 15,13-15). Com estas palavras Jesus nos revela a essência da amizade. O verdadeiro amigo se entrega ao seu amigo; quando necessário, até mesmo a sua vida. Ele não usa o amigo para si, mas se entrega a ele. Os gregos viam isso de forma similar. Eles viam a essência da amizade na disponibilidade para se empenhar completamente pelo outro, até entregando a vida. E à amizade pertencem a confiança, a abertura para contar ao outro tudo o que move o coração. Na amizade entre Jesus e João sentimos que o Mestre abriu o seu coração humano. Ele não se recolheu ao seu ser divino, mas abriu o seu coração e deixou o amigo olhar lá dentro.

O amor por uma mulher enfeitiça o homem e faz parte do seu ser. Porém, igualmente a amizade faz parte do homem maduro. Há homens que só se deixam encantar por mulheres, mas não são capazes de se envolver em uma amizade masculina. Percebemos que falta algo essencial a esses homens. A amizade entre homens tem um valor próprio. Alguns deles ficam presos na rivalidade com outros; estão sempre em alerta para se defenderem e se justificarem. Quem se engaja na amizade renuncia a se aferrar a uma posição; abre o seu coração e se torna, assim, vulnerável; fala sobre os seus sentimentos. Está com o outro em qualquer circunstância; mostra-se fiel e confiável. Esses são valores que caracterizam o homem maduro. A capacidade para a amizade é um critério essencial para o amadurecimento de um homem. João, que se acalmou no peito de Jesus, convida o homem a se permitir os seus sentimentos de amizade e a se dirigir ao caminho dela, o qual o conduzirá à verdadeira beleza da condição masculina.

Finalmente, uma outra figura que considero importante no discípulo amado é a do homem velho e sábio. O Evangelho de João foi escrito em torno do ano 100. O discípulo amado era então um homem velho. A lenda sobre ele diz que sempre repetia: "Crianças, amem uns aos outros". Para mim, João é uma figura do velho sábio. Quando um homem se transforma em um velho sábio, então dele emana segurança e mansidão. Ele se senta em um lugar e todos se sentam em torno dele. Não fala muito, mas aquilo que diz transmite sabedoria e vastidão. Está além de todo dogmatismo estreito. Está reconciliado consigo e com a vida. Experimentou em seu próprio corpo todos os altos e baixos da condição humana. Agora ele lança um olhar brando sobre tudo. Dele emana uma "luz outonal", uma luz suave, com a qual ele ilumina tudo o que lhe é apresentado. Esses homens velhos e sábios indicam a meta de nossa transformação em homem. Porém, também existem muitas imagens distorcidas do homem velho, como a do insatisfeito e eterno resmungão, ou também do homem velho que quer provar a sua juventude. Outros falam apenas do passado, do tempo no qual eles realmente viviam. C.G. Jung fala dos "velhos senhores comoventes que precisam requentar o tempo de estudante e só conseguem avivar a chama de sua vida olhando retrospectivamente para o seu homérico tempo de herói, mas que, de resto, encontram-se estagnados em um alheamento sem esperança" (*GW* 9, 455).

Nos anos de 1980 falava-se, na Igreja alemã, sobre os homens velhos enraivecidos. Referia-se a teólogos como Karl Rahner e Heinrich Fries. Esses homens não tinham mais nada a perder. Ousavam inflamar-se abertamente contra o dogmatismo romano. O homem velho enraivecido tem seguramente uma função importante na Igreja e na sociedade. Porém, para mim, esse ainda não é o destino final da viagem no caminho para se tornar homem. O destino é a velha sabedoria, que transpõe inclusive os conflitos na Igreja e na sociedade. Ela pode realmente chamar os problemas pelo nome. Porém, quando ela diz a verdade, já não soa mordaz e raivosa. Ao contrário, as pessoas percebem: É, é assim mesmo. E, a cada verdade dita, também subjaz sempre a verdade. A palavra latina para sabedoria é *sa-*

pientia. Sábio é aquele que experimentou a vida, que conhece o gosto da vida. Mesmo que ela, por diversas vezes, tenha tido um gosto amargo, com velhos sábios ela ganha um novo gosto, um gosto suave. A palavra alemã *Weisheit* (sabedoria) vem de *wissen* (saber). E *wissen* vem de *vidi*, ver. Sábio é aquele que vê as coisas com profundidade. Ele vê a realidade por trás de todas as aparências. Ele vê Deus em tudo. E, por isso, ele está reconciliado, pois os jogos de poder humanos não são a última coisa. Ele direciona o seu olhar através de todas as injustiças e de todo o mal que há sobre a terra. E lá ele vê Deus em ação, que transformará tudo. Hoje, com mais urgência do que nunca, a nossa Igreja e a nossa sociedade necessitam desses homens velhos e sábios.

18

JESUS
O curador

Jesus é o homem que reúne em si todos os arquétipos até aqui descritos. Ele é o profeta que anuncia a vontade de Deus aos homens. Diante de Pilatos, é o verdadeiro rei que não se deixa dominar. Em sua Paixão, Jesus é o justo sofredor e o mártir que sustenta a sua mensagem. É o guerreiro que luta colérica e energicamente contra a crueldade dos fariseus (cf. Mc 3,1-6). Jesus é amigo dos seus discípulos. E é o amante, não somente para João, mas também para Maria Madalena. Ele mostra uma forma de lidar com as mulheres diferente dos rabinos judeus de seu tempo; aceita-as de modo equânime como discípulas e lida com elas serenamente, sem medo de contato. Jesus é o pícaro que, em suas parábolas e em suas vigorosas figuras de linguagem, descreve a situação das pessoas com muito humor. Ele é o homem integrado, o homem completo, que une em si *anima* e *animus*, amor e agressividade, Deus e homem, luz e escuridão, céu e terra. Hanna Wolf escreveu sobre Jesus como sendo "o homem integrado". Franz Alt viu Jesus como "o novo homem". Cada homem vê em Jesus aspectos diferentes da condição masculina, enxergando nele o homem, aquilo que é importante para a sua própria essência masculina.

C.G. Jung vê em Jesus a realização do verdadeiro arquétipo do eu. E ele acha que, por ter realizado esse arquétipo da forma mais pura, Jesus exerceu um efeito tão forte nas pessoas ao longo dos séculos. Como arquétipo do eu, o Mestre tem um efeito integrador tanto para homens quanto para mulheres, em seu caminho para se constituir em si mesmos. Quando observo o homem Jesus da maneira como os quatro evangelhos o descrevem, sobretudo três aspectos me fascinam:

1) Jesus está totalmente presente. Quando ele aparece, simplesmente está lá. E ele é cheio de força. Ninguém pode simplesmente passar por Ele. Quando fala, não tem como alguém achar entediante e cochilar. Suas palavras atingem o coração; elas sacodem e mantêm a pessoa acordada.

2) Jesus é interiormente livre. Ele é livre da tendência de colocar o seu ego no centro. Dinheiro, poder e fama não têm qualquer importância para o Mestre. Ele é livre para dizer o que sente. Não precisa levar em consideração o efeito que tem sobre as pessoas ou as consequências que suas palavras e suas ações acarretam.

3) Jesus é um homem completo, puro, íntegro. Ele irradia algo original e claro. Jesus está conectado com o seu verdadeiro Eu; está enraizado em Deus. Isso lhe isenta do medo de ser abandonado e da morte. Jesus encontra paz em si e

no Pai. Não se deixa intimidar ou ser pressionado contra a parede. É incorruptível.

Para mim, estes três aspectos são as características de um homem de verdade, que diz, sem medo, o que pensa, que se apresenta com toda a força, por quem ninguém pode passar sem ser contagiado pela sua dinâmica ou sem se confrontar com ela.

Eu me isentarei de descrever o homem Jesus em todas as suas facetas. Quero selecionar somente um arquétipo, o qual me parece central nele, que é o arquétipo do curador. Só consegue curar quem é, em si mesmo, saudável e completo; quem integrou em si todos os altos e baixos, toda a claridade e escuridão. Todos os quatro evangelhos nos relatam que Jesus curava as pessoas. Nesse contexto, cada um deles interpreta de maneira singular a cura por meio de Jesus.

Em Marcos, Jesus é o exorcista, que, com plenos poderes, expulsa os demônios. Estes são forças internas, complexos, que controlam as pessoas. São espíritos turvos que contaminam o pensamento da pessoa, que nos confundem interiormente e, assim, não podemos mais pensar claramente. Os nossos pensamentos são escurecidos pela amargura, pela decepção, pela raiva. Jesus é o médico poderoso que, pela força de sua palavra, liberta as pessoas de poderes estranhos. Como curador, Ele integra o arquétipo do mago. Na cura dos cegos Jesus aparece como um mago que, com saliva e imposição das mãos, faz, por magia, desaparecer a cegueira (Mc 8,22-26). Marcos descreve Jesus como um curador masculino, que, com força masculina, luta contra o poder dos demônios e os derrota. Na sua luta contra os demônios, Ele desperta a resistência dos poderosos deste mundo, que o pegam à força e o matam. Assim, em sua luta pela vida Jesus emprega a sua própria vida. A vitória sobre os demônios lhe custa a vida. Porém, exatamente na impotência da morte, Ele completa a sua vitória sobre os demônios. O mero grito de Jesus na cruz é um grito de vitória. Ele grita para o mundo a sua vitória sobre as forças da escuridão. Em Marcos, Jesus não cura por meio da amizade e da mansidão, mas por "uma energia masculina cheia de força, segura de si e determinada" (ARNOLD, 1991: 249).

Neste evangelista, dois outros aspectos da cura são destacados: A culpa e a fé. Para Mateus, a doença está ligada à culpa. Essa ideia tem uma certa legitimidade, mas também pode ser perigosa quando tal ligação é colocada de forma absoluta. Em Mateus, Jesus cura ao interpelar e tratar da causa profunda da doença, bem como ao transmitir àquele que não consegue aceitar a si mesmo, que Deus já o aceitou de forma total e irrestrita. Além disso, Jesus desperta nas pessoas que duvidam de si mesmas uma nova confiança, uma fé que lhes confere estabilidade.

Lucas é visto como médico pela tradição. Ele muitas vezes descreve o tratamento empregado por Jesus com termos médicos. Para ele, Jesus é o verdadeiro médico, que supera de longe todos os outros médicos que Lucas já conheceu em seu ambiente grego. Para Jesus, trata-se de tornar as pessoas inteiras e sãs. Por isso, em Lucas, a raiz grega *saos* (= são, inteiro, saudável) ocorre com tanta frequência, como em nenhum outro evangelista. A doença empurra a pessoa para baixo. Jesus ergue os doentes e lhes devolve a sua inviolável dignidade, a qual foi prejudicada pela doença. Ele encontra uma mulher curvada, exaurida e esmagada pelo fardo de sua vida; consciente de sua dignidade divina, ela se ergue e vai embora ereta (cf. Lc 13,10-17). Perto de Jesus as pessoas abrem mão de sua resignação. Elas se sentem observadas e respeitadas por Ele, tocadas com afeto e aceitas, e reencontram sua integridade. Quando Jesus cura os doentes ocorre uma recriação. Por meio da cura Jesus mostra como o ser humano é pensado por Deus. Quando este o criou, viu que tudo era bom. É isso que Jesus quer transmitir aos doentes: "É bom que você exista. E é bom que você seja como é". Essa mensagem reergue as pessoas curvadas e lhes mostra a sua beleza original.

João vê, como causa da doença, a separação em relação à fonte divina. O ser humano só é saudável quando está impregnado com a vida divina. Jesus cura os paralíticos e os cegos de nascença em uma fonte. Porém, Ele não precisa conduzir os doentes à fonte. Por meio de sua palavra Ele os coloca em contato com a sua fonte interior, com a fonte da vida divina que jorra neles. Quando uma pessoa entra em contato com essa fonte torna saudável e ousa levantar-se e tomar o seu caminho. Ganha coragem de abrir os olhos. Torna-se capaz de ver a realidade, o que está por trás, Deus, que está em tudo.

Para mim, a pergunta é como Jesus tornou-se o curador. A resposta teológica, segundo a qual Ele, como filho de Deus, conseguia curar, diz, para mim, muito pouco. Jesus não foi curador desde o princípio. Primeiramente Ele desenvolveu em si o arquétipo do curador. Penso que os evangelhos descrevem passos importantes do caminho para se tornar curador. O primeiro passo é o seu batismo. Certamente foi uma experiência de iluminação. Marcos nos conta que o céu se abriu sobre Jesus quando Ele se levantou das águas do Jordão. O batismo é, para Marcos, um ritual de iniciação divina na masculinidade. Jesus se ergue como um novo homem das águas do Jordão. Ele sepultou nelas a identidade do valoroso filho de carpinteiro. Ele se levantou da água do inconsciente. Sem a fonte do inconsciente nossa vida seca. Para Lucas, um outro aspecto de seu batismo é importante: Ele é preenchido com o Espírito Santo. Jesus – assim nos conta Lucas já na história do nascimento – é, desde o nascimento, filho de Deus. Porém, é no batismo que ele se torna consciente de quem realmente é: o filho amado de Deus, dotado da força de seu Espírito. Tudo o que Jesus faz agora – seu anúncio e suas curas – demonstra que Ele está totalmente imbuído do Espírito de Deus: uma força que Ele tem à sua disposição para curar e libertar.

Entretanto, sempre há pessoas que têm experiências espirituais semelhantes e fazem mau uso delas, insuflando-se e se colocando acima dos outros. Por isso, um passo importante no processo de se tornar homem é, para Jesus, o fato de que o Espírito Santo o conduz ao deserto. Em Marcos é expresso literalmente que o Espírito impeliu Jesus para lá. Portanto, trata-se de uma ação cheia de força do Espírito Santo, que Jesus experimenta em si. "Esteve no deserto quarenta dias, sendo tentado por satanás. Vivia com os animais selvagens e os anjos o serviam" (Mc 1,13). Os quarenta dias representam o desafio psíquico que Jesus se coloca no deserto. Lá Ele encontra sua própria verdade. O deserto é, para Marcos, a região dominada pelos demônios. Jesus se aventura nesse território e os enfrenta; familiariza-se e ganha poder sobre eles. Marcos expressa isso na figura dos animais selvagens e dos anjos. Jesus experimenta as feras em si. Ele não foge, mas tenta se reconciliar com o selvagem e animalesco. Ao mesmo tempo, experimenta os anjos consigo. Todos os homens também têm um lado angelical, que também pode ser reprimido. Porém, quando vê somente esse lado corre o perigo de perder a sua masculinidade e ir por um caminho espiritual no qual se retira de si mesmo. Isso não faz bem à alma. Os primeiros monges conheciam esse perigo. Um padre aconselha um jovem que em seu caminho espiritual parece voar para o céu, a se prender pelo calcanhar e se colocar na terra. Jesus une, durante o tempo no deserto, ambos os lados em si: o animalesco e o angelical. Ele vive em paz com as feras e, ao mesmo tempo, é servido pelos anjos. Os anjos são seres espirituais que veem Deus. Reconciliado com o lado animalesco, Jesus vê o Pai. Os animais sempre representam no sonho a sabedoria do instinto, o carnal e a sexualidade. Todo esse âmbito está integrado em Jesus e não impede o seu olhar para Deus. Ao contrário, trata-se exatamente do terreno fértil onde a espiritualidade floresce. A figura das feras e dos anjos implica também um outro fato: "Nos lugares mais perigosos da terra Jesus estava seguro e protegido. Ele podia ir a qualquer lugar; não podia ser comprado, intimidado, tentado ou domado" (ARNOLD, 1991: 247).

Quero ainda selecionar outras figuras dos evangelhos que descrevem por que Jesus era capaz de curar. Sigo aqui principalmente o Evangelho de Marcos. Quando Ele pregou pela primeira vez na sinagoga de Cafarnaum as pessoas ficaram muito tocadas com o seu ensinamento: "Ficavam admirados de sua doutrina, pois Ele os ensinava como quem possui autoridade, e não como os escribas" (Mc 1,22). Jesus falava de tal forma a respeito de Deus, que as pessoas sentiam: Ele não fala sobre Deus só por falar. Ao contrário, em suas palavras Deus fica presente; Deus cintila ali. Era um discurso poderoso e uma fala autêntica sobre Deus. Por si só, essa fala de Jesus sobre Deus conseguia curar as pessoas. Quando Ele falava correta e claramente de Deus, um homem na sinagoga soltou um grito; estava possuído por um espírito impuro. Alguém poderia dizer: Aquele homem tinha uma imagem demoníaca de Deus. Quando Jesus falava de Deus, essa imagem demoníaca de Deus se agitou. Talvez o homem tenha feito um mau uso de Deus para si, como um sistema de proteção. Ou o tenha utilizado para sobressair sobre os outros. Deus lhe servia para aumentar a sua autoestima. Jesus arrastou essas imagens demoníacas de Deus para a luz. Elas tinham que se agitar. O homem quase explodia de raiva; ele sentiu que estava sendo acusado. Quando tais imagens demoníacas de Deus não estão mais em vigor, desaba todo o seu edifício de vida. Jesus grita ao espírito impuro: "Cala-te e sai deste homem (Mc 1,25). E o espírito o deixa sob altos gritos. A reação das pessoas foi de pavor e admiração: "O que é isso? Uma doutrina nova dada com autoridade! Ele manda até nos espíritos impuros e eles lhe obedecem" (Mc 1,27). Pelo fato de Jesus falar corretamente de Deus, uma pessoa é curada. Imagens doentias de Deus tornam a pessoa doente. Quando uma pessoa, por meio da experiência da sua própria verdade, reconhece o verdadeiro Deus e fala dele de forma autêntica, ela cura pessoas dominadas por imagens demoníacas. Aqui, curar é, sobretudo, livrar a pessoa de forças estranhas, de demônios, assim como de padrões de vida e concepções de Deus e do mundo doentios.

A segunda figura que considero especialmente importante para o homem Jesus, o curador, resplandece na história da cura de um homem no sábado (Mc 3,1-6). Havia um homem que tinha uma das mãos mirrada. Fica claro que se trata de um homem que negava sua masculinidade. Ele se acomodou, recolheu a mão para não queimar os dedos, para não se arriscar na vida. É incapaz de uma comunicação efetiva; não entra em contato com outros; sente-se à margem, como um espectador. Trata-se da imagem distorcida de um homem. Jesus cura esse homem ao exortá-lo: "Levanta-te aqui no meio" (Mc 3,3). A doença desse homem consiste em se colocar à margem de tudo. Agora ele precisa finalmente abandonar seu papel de espectador e se colocar no centro. Lá ele é visto por todos. Ele tem que se colocar à vista dos outros e se garantir por si mesmo. Então, Jesus se dirige aos fariseus, antes de continuar cuidando do homem: "'É permitido fazer o bem ou o mal no sábado? Salvar uma vida ou matar?' Mas eles ficaram calados" (Mc 3,4). Jesus aceita o conflito com os fariseus. Ele sabe que eles o observam exatamente para saberem se Ele curará no sábado. Pois, para os fariseus, isso só é permitido quando há perigo de morte. Para Jesus, esses mandamentos mesquinhos são mortais. Aquele que considera as leis mais importantes do que as pessoas está fazendo o mal, está aniquilando a vida. A liberdade de Jesus fica visível aqui. Para Ele, o que importa são as pessoas, não as leis. Quando os fariseus covardemente se calam, Jesus olha para eles "indignado e triste com a cegueira dos seus corações" (Mc 3,5). Jesus fica sozinho contra uma "parede de homens" endurecidos, que se escondem por trás de seu poder e de suas leis. Jesus está inteiro em seus sentimentos; sua raiva é cheia de força. Ele não explode em sua raiva, mas se distancia dos outros, não lhes dando poder algum. Eles podem ser duros; isso é problema deles. Jesus se tranquiliza. A raiva é a força que lhe possibilita permanecer consigo mesmo e se libertar do poder do outro. Para mim, Jesus é, aqui, o homem que sempre está presente; Ele está sempre no presente e sempre inteiramente consigo mesmo. Ele não se permite determinar exteriormente por expectativas, medos e ameaças, mas só pela sua própria intuição; Ele é um consigo mesmo. E, a partir dessa unidade consigo e com o Pai, Ele não permite que ninguém o arraste, nem mesmo pessoas de coração duro e hostil. Porém, Jesus não está somente cheio de raiva, mas também de tristeza. Em grego, isso se chama *syllypoume-nos*, que significa compadecer-se, comiserar. Jesus se distancia na raiva, mas também se transporta para o coração do opositor. Ele se compadece de como eles são; sente quão duro se tornou o coração deles, quão desesperados esses homens devem ser, para deixarem seu sentimento humano morrer. É um coração morto. Por estar em si, Jesus tem ao mesmo tempo a coragem de olhar no coração do outro, mesmo que lá pareça caótico, escuro e mau.

O Mestre sente a atmosfera hostil. Ainda assim, faz aquilo que sente em seu coração; Ele não se deixa determinar pelos outros, mas age por si mesmo. Assim, Ele ordena ao homem: "Estende a mão" (Mc 3,5). Este deve ter a coragem de tomar nas mãos as rédeas de sua própria vida, de estender a sua mão para dar aos outros, para enfrentar os problemas que se acumulam. Nessa história de cura eu encontro a forte masculinidade de Jesus; é um homem que se garante por si mesmo, ainda que todos ao redor se coloquem contra Ele; faz aquilo que interiormente sente que deve fazer, sem medo da reação hostil dos outros. Isso me fascina. Jesus luta pelo homem que negou a sua masculinidade; luta pela vida. Está tão presente que os outros não podem ignorá-lo. Nem o doente nem os fariseus o ignoram; eles têm que se colocar em seu lugar. Jesus é tão claro consigo mesmo, que a falta de clareza das pessoas em sua volta fica evidente. Perto dele, tudo o que se esconde no coração humano é trazido à luz; o Mestre impele à verdade. Ninguém consegue ignorar a si mesmo e à sua verdade quando está diante de Jesus.

Na história sobre o período no deserto vimos que Jesus se reconciliou com o seu lado sombrio e integrou a fera em si. O ápice da integração torna-se visível na cruz, que é um símbolo arquetípico da unidade de todos os antagonismos. Nela, Jesus abarca todos os âmbitos do cosmo: os altos e baixos, terra e céu, luz e escuridão, consciente e inconsciente, homem e mulher. Todos os quatro evangelistas nos relatam a presença de mulheres na crucificação; Jesus se diferenciou dos rabinos judeus ao aceitar as mulheres entre os seus seguidores. Portanto, Ele tinha uma outra maneira de lidar com elas. Hanna Wolf descreveu Jesus como o homem integrado, que também integrou a *anima* em si. Isso era mostrado também em sua relação com as mulheres; Ele conversava sem reservas com elas; confia em seu sentimento em relação às mulheres e não leva em conta a ansiedade de seus discípulos. Estes ficam surpresos quando o veem falando com uma samaritana: "Mas ninguém perguntou o que Ele queria ou o que estava falando com ela" (Jo 4,27). Ou quando Jesus deixou ficar junto a ele uma mulher, a qual, com suas lágrimas, lavou os pés dele e os enxugou com os cabelos e os beijou (Lc 7,38). O Mestre não as fixava em um papel. Ele estimou Marta como anfitriã, mas também Maria, que simplesmente o escuta e quer entender o seu mistério (Lc 10,38-42).

Na crucificação, Lucas descreve Jesus como o homem justo. Com isso ele se refere a um trecho da *República – Politeia*, do filósofo grego Platão. Para este filósofo, um homem verdadeiramente justo logo contrasta com o seu ambiente mentiroso. Platão escreve: "Eles dirão que o justo, tal como o representei, será açoitado, torturado, acorrentado, terá os olhos queimados, e que, finalmente, tendo sofrido todos os males, será crucificado e saberá que não se deve querer ser justo, mas parecê-lo." Já por volta do ano 210 d.C., Clemente de Alexandria viu essas palavras de Platão como prenúncio da morte de Jesus na cruz. E, antes dele, Lucas já tinha compreendido isso. Jesus era um homem justo, um homem correto e reto. Ele cumpria tudo com sucesso; integrou em si todos os antagonismos. Lucas utiliza o adjetivo "justo" frequentemente com sentido de irrepreensível. Nos Atos dos Apóstolos, muitas vezes ele designa Jesus como *o Justo*: "Vós negastes o Santo e o Justo" (At 3,14). Jesus é o homem justo, correto, irrepreensível, que realiza em si todos os âmbitos do ser humano. É o homem integrado, que une tudo o que faz parte da essência humana.

Para Lucas, Jesus é o homem que sempre é ele mesmo, que vive a partir de seu centro e também quer nos colocar em contato com o nosso verdadeiro eu. Como arquétipo do eu Ele resplandece em um encontro com os discípulos, depois de ressuscitado. Jesus entra no círculo dos discípulos, faz referência às suas próprias mãos e pés, e diz: "Sou eu mesmo!" (Lc 24,39). Em grego se diz: *ego eimi autos*. Para os filósofos estoicos, *autos* exprime o verdadeiro eu, o santuário interior do homem, o centro real do indivíduo. O Ressuscitado deseja nos conduzir ao nosso verdadeiro eu. Ele convida os discípulos: "Tocai-me e vede: um espírito não tem carne nem ossos como eu tenho" (Lc 24,39). No encontro com o Ressuscitado deve-se revelar para os discípulos que eles não são puro espírito, mas pessoas. Assim como Jesus, eles são de carne e osso. Porém, no interior se encontra o *autos*, o santuário, o verdadeiro eu, no qual Deus habita em nós. A meta do processo de se tornar homem é entrar em contato com o mais íntimo eu, com o recanto de tranquilidade no qual Deus habita em nós como em um santuário, com o local de silêncio no qual somos totalmente nós mesmos, livres das expectativas dos outros, livres de nossa própria pressão.

Jesus consegue curar as pessoas porque é totalmente Ele mesmo, autêntico, porque mora em seu santuário interior, no *autos*. O Salvador convida homens e mulheres a se aproximarem de seu verdadeiro eu; então, também deles emanará algo sagrado e salutar. Quem está dividido em si causa divisão ao seu redor; quem está turvado pelos demônios produz névoa e confusão em sua volta, projeta nos outros a escuridão e a doença que estão em si. Jesus está livre de todos os mecanismos de projeção; Ele se vê como é. Por isso, também consegue ver as pessoas como elas são. Por estar tranquilo em seu eu, também descobre nos outros o verdadeiro centro. A cura significa colocá-los novamente em contato com esse centro divino. Mas, ao mesmo tempo, a cura, para Jesus, significa: dizer sim à sua corporeidade. O caminho para o santuário interior passa pelo corpo e pela própria carne. Somente o homem que diz sim ao seu corpo e se reconcilia com ele entra em contato com o seu verdadeiro eu, com o seu recanto interior, no qual habita a autêntica e incorrupta figura de Deus.

Não podemos nos autoproclamar curadores. Há pessoas que têm o dom da cura. É um presente de Deus que está além do nosso controle. O que podemos aprender com Jesus é chegar ao nosso próprio eu. Dessa forma, a cura emanará de nós. Seria perigoso se nos identificássemos com o arquétipo do curador. Eu sempre experimento esse perigo em mim mesmo. Quando alguém que está recebendo orientação espiritual conta já ter passado por terapias sem que estas tenham lhe ajudado, o arquétipo do curador se pronuncia em mim: "Eu poderia curá-lo. O caminho espiritual que eu lhe mostrarei poderá salvá-lo". Porém, quando me deixo fisgar pelo arquétipo do curador, torno-me cego para os meus próprios desejos; quero provar que eu sou o curador. Quero provar aos terapeutas que o caminho espiritual tem mais poder de curar do que os métodos psicológicos. Entretanto, tudo isso ofusca o meu espírito, e eu não vejo mais o outro como ele é; coloco-me sob pressão. Não percebo como o arquétipo do curador me arrasta a perder a minha medida; a me julgar mais capaz do que sou e a dar vazão ao meu desejo de proximidade e reconhecimento das pessoas. Jesus, o curador, protege-me de minha identificação com o arquétipo do curador. O Mestre quer me colocar em contato com as forças curadoras que também estão em mim. Mas, sobretudo, Ele quer me conduzir a descobrir o meu verdadeiro eu. Dessa forma, a cura também emanará de mim.

Há muitas mulheres que têm empatia pelos doentes e os curam por meio de um cuidado afetuoso. Por vezes, algumas delas me contam que têm mãos curadoras. Dos homens, quase não escuto isso. Quando o homem é um curador, sua cura tem uma outra característica; ele cura por meio de sua força masculina e de sua clareza. Há muitos bons médicos e terapeutas, pastores e guias espirituais que colocam as pessoas que os procuram em contato com a sua força. Com Jesus, eles aprenderam o método terapêutico da confrontação, isto é, confrontam o doente com as suas próprias capacidades. Assim, a força que há no doente é colocada para fora. Os homens podem aprender com Jesus a descobrir as suas forças curadoras. Porém, a condição é que eles tomem com o Mestre o caminho de se tornar homem, no qual eles integrem em sua essência masculina tudo o que neles emergir: o selvagem e o manso, o duro e o macio, o masculino e o feminino, o claro e o escuro. No encontro com Jesus o que é falso cai. Dessa forma, eles entram em contato com o seu verdadeiro eu. E somente a partir desse mais íntimo eu eles conseguem curar.

CONCLUSÃO
Caminhos para se tornar homem

Os homens da Bíblia descritos por mim nos encorajam a encarar a nossa própria verdade. Não podemos observar as suas histórias como meros espectadores. Os homens da Bíblia são cheios de força, e não é possível ignorá-los. Eles falam a nós e nos desafiam; despertam-nos a força masculina. Porém, os homens da Bíblia não são figuras idealizadas, às quais podemos, com nossa consciência pesada, tentar nos igualar. Eles passaram por desvios e por caminhos equivocados; sofreram reveses e caíram. Querem nos dizer:

> Não se trata de fazer tudo perfeito, mas de ousar na vida. Não se trata de não cometer erro algum. Não esconda os seus erros, mas aprenda com eles. Cair não é ruim, mas não fique no chão. Se tiver caído, levante-se. Se você lutar, será constantemente ferido. Não se desvie das suas feridas; elas fazem parte de seu caminho. Elas o qualificam para o amor, pois não há amor sem feridas. Entre em contato com a sua força masculina, com a sua agressividade, com a sua sexualidade, com a sua disciplina, mas também com as suas paixões. Elas protegem você de uma vida enfadonha. Lute com tudo aquilo que quiser impedi-lo na vida; lute pelas pessoas e suas vidas. Engaje-se com tudo o que você tiver à sua disposição. Então, terá prazer com a sua condição masculina. Estará apto para um amor que desperta a vida, para um amor cheio de paixão

e que encanta você e a pessoa amada. E reconhecerá que vale a pena se colocar no caminho de se constituir homem e, nesse caminho, concretizar um aspecto de Deus que só por seu intermédio pode surgir.

O trabalho com os homens da Bíblia convida a desenvolver a espiritualidade masculina correspondente aos arquétipos que esses homens representam. Embora a Igreja Católica tenha, até o momento, excluído as mulheres do sacerdócio, a sua espiritualidade é mais feminina que masculina. Virtudes passivas, como a compreensão, a compaixão, a humildade, são enaltecidas, enquanto a luta agressiva pela justiça e o engajamento apaixonado em prol do amigo ficam mais em segundo plano.

Espero que os comentários deste livro provoquem nos homens a curiosidade para encontrar o seu caminho pessoal, o seu caminho para se transformar em si mesmo, mas também o seu caminho espiritual, o qual não exclui a força e a paixão, mas se deixa guiar pela dinâmica da energia masculina. A espiritualidade masculina, da forma como é expressa pelas 18 figuras bíblicas masculinas, abomina sistemas rígidos e todo tipo de ideologia. Os homens são céticos contra ideais grandiosos, contra uma linguagem solene. Nos homens da Bíblia descobrimos caminhos masculinos para entrar em contato com Deus e interceder pelas pessoas. Neles encontramos homens cheios de força, que passaram por todos os altos e baixos, que encararam a sua verdade, que integraram a sua sexualidade e vitalidade, que, porém, com bastante frequência, foram arrastados para lá e para cá pelas suas diversas aspirações interiores. A espiritualidade masculina se contrapõe a toda sistematização e idealização. Ela é concreta, orientada para a ação e o engajamento, cheia de força e de paixão.

Classifiquei os homens em 18 diferentes arquétipos. Porém, tratam-se de homens concretos com uma história específica. Os homens da Bíblia não são super-homens. São homens de carne e osso, homens com uma história de sucesso e com uma história de fracasso; vivenciaram rupturas em seu caminho de desenvolvimento. São homens cheios de força, mas frequentemente também se tornam fracos; eles caem, perdem na luta. Porém, após a derrota, levantam-se novamente. E são homens capazes de amar, mesmo que experimentem altos e baixos também em seu caminho do amor. Espero que as 18 figuras masculinas ajudem os leitores a desenvolverem sua própria masculinidade e a se aceitarem como homens, com todos os seus pontos fortes e fracos. Os homens da Bíblia nos ajudam a aceitar nossa própria vida frágil e a moldá-la em uma forma que Deus destinou a cada um. Não precisamos corresponder a um modelo. Ao contrário, trata-se de se engajar no caminho ao qual Deus envia cada um de nós.

Nenhum homem corresponderá às 18 figuras que descrevi. Mas cada um descobrirá semelhanças de uma ou outra consigo mesmo. Assim, essas figuras masculinas constituem um convite a cada homem para que descubra os seus próprios pontos fortes, mas também perceba os seus perigos; para que descubra as oportunidades que fazem parte de sua estrutura, mas também as armadilhas que o esperam. E ele deve reconhecer em que lugar se encontra no seu caminho de desenvolvimento e quais os passos que deve dar. Cada homem tem a tarefa de percorrer o seu caminho totalmente pessoal, o caminho ao qual somente ele é enviado por Deus. Porém, ao se comparar com os 18 homens bíblicos ele descobrirá em si âmbitos que antes se encontravam fechados.

Os homens que descrevi desenvolveram sempre dois polos: a luta e o amor. Não há caminho para se tornar homem sem esses dois polos. O homem que apenas luta facilmente se torna um brigão, que sempre precisa de inimigos para conseguir sentir a si mesmo. O homem que passa por cima da luta e só se dedica ao amor nunca compreenderá realmente o amor. Há pouco tempo uma mulher me contou que o seu marido a amava muito, mas ela não conseguia desfrutar esse amor. Pois, segundo ela, tal amor era tão pegajoso, tão sem força; só aconchegante, mas não desafiador. O amor também precisa de força para poder desenvolver todo o seu potencial de encantamento e alegria.

Todo homem terá que encontrar o seu equilíbrio pessoal entre lutar e amar. Não existe um homem unitário; não existe um modelo de unidade para um homem tornar-se si mesmo. O equilíbrio entre lutar e amar também precisa ser reavaliado para cada fase da vida, pois ele se transforma à medida que a pessoa vai ficando mais velha. Assim, desejo, caro leitor, que você encontre o seu caminho sobre como unir, neste exato momento, o lutar e o amar. Desejo que você, ao término desta leitura, sinta a sua força masculina, e que possa se alegrar por ser homem e sentir o desejo de desenvolver a sua força. Também desejo que você não desenvolva a sua essência masculina à custa da mulher, mas que desperte a curiosidade delas, que querem saber como é a autêntica essência masculina, qual é o gosto dela; e que, em seu caminho para se tornar homem, você sempre se deixe fascinar também pelo mistério da mulher, que passa a se sentir atraída por você de um novo modo. É um caminho excitante, esse que o espera, um caminho que o conduz por altos e baixos, escuridão e experiências luminosas. Espero que você, como homem, ganhe vontade de lutar pela vida e de amar essa vida, e que convide outros para lutarem e amarem com você.

REFERÊNCIAS

ARNOLD, P.M. (1991). *Männliche Spiritualität* – Der Weg zur Stärke. Munique: [s.e.].

BLY, R. (1991). *Eisenhans* – Ein Buch über Männer. Munique: [s.e.].

BOLEN, J.S. (1998). *Götter in jedem Mann* – Besser verstehen, wie Männer leben und lieben. Munique: [s.e.].

CAMPBELL, J. (1949). *Der Heros in tausend Gestalten*. Frankfurt: [s.e.].

Die Regel des heiligen Benedikt – Salzburger Äbtekonferenz, 6. (1990). 39. ed. Beuron: [s.e.].

FISCHEDICK, H. (1992). *Der Weg des Helden* – Selbstwerdung im Spiel biblischer Bilder. Munique: [s.e.].

GRUNDMANN, W. (1996). *Das Evangelium nach Lukas*. Berlim: [s.e.].

GUZIE, T. & GUZIE, N. (1987). *Archetypisch Mann und Frau* – Wie verbogene Urbilder unser Schicksal gestalten und Beziehungen prägen. Interlaken: [s.e.]

HOLLSTEIN, W. (1989). "Das neue Selbstverständnis der Männer". *Der Mann im Umbruch*. Olten: [s.e.], p. 11-26.

JUNG, C.G. (1976a). "Zur Psychologie des Kindarchetypus". In: *GW* 9/I. Olten: [s.e.], p. 163-196 [Edição em língua portuguesa: "A psicologia do arquétipo da criança". *OC* 9/1. Petrópolis: Vozes, 2012, par. 271-305].

_____ (1976b). "Zur Psychologie des Trickster Figur". *GW* 9/I. Olten: [s.e.], p. 271-290 [Edição em língua portuguesa: "Psicologia da figura do 'trickster'". *OC* 9/1. Petrópolis: Vozes, 2012, par. 456-488].

_____ (1976c). "Christus, ein Symbol des Selbst". *GW* 9/II. Olten: [s.e.], p. 46-80 [Edição em língua portuguesa: "Cristo, símbolo de si mesmo". *OC* 9/2. Petrópolis: Vozes, 2012, par. 68-126].

_____ (1971). *GW* 8. Olten: [s.e.] [Edição em língua portuguesa: *OC* 8/1, 8/2, 8/3. Petrópolis: Vozes, 2012].

MÜLLER, L. (1989). "Manns-Bilder: Zur Psychologie des heroischen Bewusstseins". *Der Mann im Umbruch*. Olten: [s.e.], p. 92-113.

PFLÜGER, P.M. (org.) (1986). *Der Mann im Umbruch* – Patriarchat am Ende? Olten: [s.e.].

ROHR, R. (1993). *Maske des Maskulinen* – Neue Reden zur Männerbefreiung. Munique: [s.e.].

_____ (1986). *Der wilde Mann* – Geistliche Reden zur Männerbefreiung. Munique: [s.e.].

SCHUBART, W. (1941). *Religion und Eros*. Munique: [s.e.].

Dê um livro de presente!

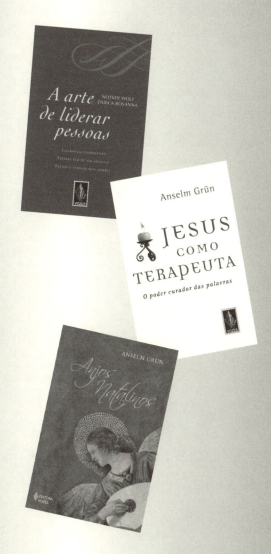

EDITORA VOZES

www.vozes.com.br
vendas@vozes.com.br

CULTURAL

Administração
Antropologia
Biografias
Comunicação
Dinâmicas e Jogos
Ecologia e Meio Ambiente
Educação e Pedagogia
Filosofia
História
Letras e Literatura
Obras de referência
Política
Psicologia
Saúde e Nutrição
Serviço Social e Trabalho
Sociologia

CATEQUÉTICO PASTORAL

Catequese
Geral
Crisma
Primeira Eucaristia

Pastoral
Geral
Sacramental
Familiar
Social
Ensino Religioso Escolar

TEOLÓGICO ESPIRITUAL

Biografias
Devocionários
Espiritualidade e Mística
Espiritualidade Mariana
Franciscanismo
Autoconhecimento
Liturgia
Obras de referência
Sagrada Escritura e Livros Apócrifos

Teologia
Bíblica
Histórica
Prática
Sistemática

REVISTAS

Concilium
Estudos Bíblicos
Grande Sinal
REB (Revista Eclesiástica Brasileira)
SEDOC (Serviço de Documentação)

VOZES NOBILIS

Uma linha editorial especial, com importantes autores, alto valor agregado e qualidade superior.

VOZES DE BOLSO

Obras clássicas de Ciências Humanas em formato de bolso.

PRODUTOS SAZONAIS

Folhinha do Sagrado Coração de Jesus
Calendário de Mesa do Sagrado Coração de Jesus
Folhinha do Sagrado Coração de Jesus (Livro de Bolso)
Agenda do Sagrado Coração de Jesus
Almanaque Santo Antônio
Agendinha
Diário Vozes
Meditações para o dia a dia
Guia do Dizimista
Guia Litúrgico

CADASTRE-SE
www.vozes.com.br

EDITORA VOZES LTDA.
Rua Frei Luís, 100 – Centro – Cep 25689-900 – Petrópolis, RJ – Tel.: (24) 2233-9000 – Fax: (24) 2231-4676
E-mail: vendas@vozes.com.br

UNIDADES NO BRASIL: Aparecida, SP – Belo Horizonte, MG – Boa Vista, RR – Brasília, DF – Campinas, SP
Campos dos Goytacazes, RJ – Cuiabá, MT – Curitiba, PR – Florianópolis, SC – Fortaleza, CE – Goiânia, GO
Juiz de Fora, MG – Londrina, PR – Manaus, AM – Natal, RN – Petrópolis, RJ – Porto Alegre, RS – Recife, PE
Rio de Janeiro, RJ – Salvador, BA – São Luís, MA – São Paulo, SP
UNIDADE NO EXTERIOR: Lisboa – Portugal